Transfernachweis

Erstellt im Rahmen der Ausbildung zum
Projektmanagementfachkaufmann/-frau (GPM)
IPMA Level D

unter Berücksichtigung der Z 08 Version 20 vom 05.01.2015

bewertet mit über 90 Punkten März 2015

Wichtiger Hinweis für die Benutzer

Der Autor übernimmt keine Gewähr dafür, dass die verwendeten und dargestellten Verfahren, Tools usw. frei von Schutzrechten Dritter ist. Bei der Verwendung von Gebrauchsnamen, Handelsnamen, Warenbezeichnungen, eingetragene Markennamen usw. sind die jeweiligen Schutzrechte zu beachten und berechtigen nicht zu der Annahme, dass sie frei verfügbar sind.

Der Autor hat alle Sorgfalt walten lassen, damit alle angesprochenen Informationen möglichst vollständig und korrekt verwendet werden mit dem Wissenstand des Redaktionsschlusses 28.02.2015.

Alle Namen sind frei erfunden. Jede Ähnlichkeit mit lebenden Personen wäre rein zufällig.

Der Autor weist ausdrücklich auf seinen Urheberrechtsschutz hin.

Bibliografische Information der Deutschen Nationalbibliothek: Die Deutsche Nationalbibliothek verzeichnet diese Publikation in der Deutschen Nationalbibliografie; detaillierte bibliografische Daten sind im Internet über www.dnb.de abrufbar.

„Herstellung und Verlag: BoD – Books on Demand, Norderstedt".

ISBN 978-3-7357-7830-7

Implementierung einer mobilen Bestellfunktion für iPads der Außendienst-Mitarbeiter der Hubert Genau GmbH

Transfernachweis im Rahmen der Erstzertifizierung zum Projektmanagement-Fachmann (GPM) / Qualifizierungslehrgang IPMA, Level D

Name   Max Mustermann
                    Projektleiter

Unternehmen   Hubert Genau GmbH

Ort, Datum   Musterstadt, 01.01.20xx

Erstellt nach der Anleitung zum Transfernachweis Z08, Revision 20 vom 05.01.2015

Es gelten die vor der Zertifizierungsstelle PM-ZERT in der Anleitung zum Transfernachweis unter Kapitel 9 „Datenschutz und Vertraulichkeit" genannten Bedingungen.

Inhaltsverzeichnis

1 Projekt und Projektziele

Das in diesem Transfernachweis beschriebene Projekt basiert auf einem realen Projekt, teilweise mit fiktiv geschilderten Situationen.
Für einen Teil der Abschnitte des Transfernachweises gilt, dass sie nachträglich verfasst wurden. So sind beispielsweise in den frühen Planungsschritten erst später bekannt gewordenen Informationen mit eingeflossen.

1.1 Projektbeschreibung

1.1.1 Die Hubert Genau GmbH Gruppe

Die Hubert Genau GmbH beschäftigt aktuell rund 100 Mitarbeiter/-innen in allen Bereichen.

Das Unternehmen Hubert Genau GmbH ...
- Beschreibung Unternehmen (ca. 1 Seite im Internet)

1.1.2 Auftraggeber

Auftraggeber für das im Rahmen des Transfernachweis beschriebenen Projekts ist der Geschäftsführer der Hubert Genau GmbH Deutschland.

1.1.3 Projektkontext

Im deutschen Vertrieb wurde Ende 20xx der komplette Außendienst (60 Mitarbeiter) mit den iOS-Geräten iPhone und iPad ausgestattet. Gerade das iPad bietet als mobiles Endgerät verschiedene Möglichkeiten, die Geschäftsprozesse im Bereich Service und Vertrieb effektiver und effizienter zu gestalten. Deshalb werden dem Außendienst sukzessive verschiedene elektronische Anwendungen („Apps") für deren iPads zur Verfügung gestellt, die ihm zeit- und ortsunabhängiges Arbeiten ermöglichen und die Vertriebsprozesse nachhaltig verbessern.

Im Rahmen der Außendienst-Jahrestagung wurde mittels eines Workshops definiert, welche neuen Business-Apps für den deutschen Außendienst essentiell sind und mit erster Priorität implementiert werden sollen. Dabei wurde festgelegt, dass den Außendienst-Mitarbeitern die Möglichkeit eingeräumt wird, unterwegs „on-the-fly" mit Hilfe der iPads Bestellungen für Kunden zu erfassen.
Der Projekttitel lautet deshalb „Einführung einer mobilen Bestellfunktion für iPads der Außendienst-Mitarbeiter", kurz „Mobile Bestellfunktion".

Ausgangssituation:

Nach dem klassischen Kundenbesuch erfolgt oftmals eine Bestellung durch den Außendienstmitarbeiter für den Kunden. Eine solche Bestellung umfasst Prospekte, Werbemittel, Ersatzteile im Rahmen von Reklamationen, Produkte im Rahmen von Verkaufsaktionen oder Displays und Attrappen für Ausstellungen. Die zu bestellenden Artikel und Mengen werden dabei vom Außendienst handschriftlich auf einem Bestellformular oder Notizzettel erfasst und abends im Home-Office an den Innendienst gefaxt. Dies verursacht eine höhere Durchlaufzeit des Auftrages. Gleichzeitig besteht eine erhöhte Fehleranfälligkeit durch Medienbrüche, da die Mitarbeiter im Innendienst die Fax-Bestellungen manuell in das ERP-System SAP eingeben müssen.

Soll-Zustand:

Die mobile Bestellfunktion soll keine „Stand-Alone-Lösung" darstellen sondern als integrierte Funktion des bereits mobil verfügbaren Customer-Relationship-Management-Systems (CRM) zur Verfügung stehen. Über die Software „TANGRO" wird eine automatische Schnittstelle zu SAP hergestellt, so dass die manuelle Auftragseingabe durch den Innendienst weitestgehend entfällt.
Im Rahmen einer Voranalyse konnte bereits eruiert werden, dass die Programmierung der Bestellfunktion intern durch Mitarbeiter der Hubert Genau GmbH möglich ist. Darüber hinaus sind eventuell in Einzelfällen gezielt externe CRM-Software-Berater hinzuzuziehen.
Bei der Programmierung der Benutzeroberfläche wird vor allem auf eine intuitive und einfache Bedienung durch den Nutzer Wert gelegt. Weiterhin muss eine entsprechende IT-Performance gewährleisten, dass der Außendienst die Bestellungen möglichst schnell erfassen kann.

Die neue Bestellfunktion parallel auch international auszurollen wurde vom Auftraggeber bewusst ausgeschlossen und ist damit nicht Bestandteil des Projekts. Nach erfolgreichem Einsatz in Deutschland ist die Nutzung durch die internationalen Vertriebe ebenfalls angedacht. Dies wird jedoch in einem Folgeprojekt umgesetzt.

1.1.4 Eigene Position im Unternehmen und Rolle im Projekt

Der Autor dieses Transfernachweises ist bei der Hubert Genau GmbH in der Vertriebsregion Europa Nord / West als „Projektleiter Vertriebs- und Pricingprozesse" tätig. Das Aufgabenspektrum umfasst die Leitung und Mitarbeit von strategischen und operativen Projekten in den Bereichen Vertrieb, Vertriebssteuerung, Pricing und Organisationsentwicklung.
Im Rahmen des Projekts „Mobile Bestellfunktion" obliegt dem Autor die Rolle des Projektleiters. Die Aufgaben umfassen somit sowohl die Koordination und Führung des Projektteams als auch die Planung, Steuerung und Überwachung von Terminen, Kosten, Qualität und Zielerreichung.
Die veranschlagte Projektdauer beträgt 8 Monate und umfasst ein Projektbudget von 42.000 Euro.

1.1.5 Projektsteckbrief

In einem Projektsteckbrief werden die wichtigsten Eckdaten eines Projekts zusammengefasst. Um ein gemeinsames Verständnis zwischen der Geschäftsführung (Auftraggeber) und der Projektleitung zu schaffen, wurde ein Projektsteckbrief erstellt. Durch die Unterschrift stellen beide Parteien sicher, dass sie mit den Rahmendaten einverstanden sind und die gleiche Erwartungshaltung an das Projekt haben.

Mobile Bestellfunktion		
Projektnummer	*HG1*	
Auftraggeber	*Geschäftsführer Hubert Genau GmbH Deutschland*	
Projekt-Oberziel / Projektergebnis	*Implementierung einer mobilen Bestellfunktion für iPads der Außendienstmitarbeiter der Hubert Genau GmbH Deutschland bis zum 28.02.xx.*	
Kurzbeschreibung Projektinhalt	*Vertriebsprozesse auf neue Bestellfunktion ausrichten, neue Bestellfunktion in mobile Applikation des CRM-Systems integrieren*	
Angestrebter Nutzen	*Außendienst kann unterwegs zeit- und ortsunabhängig Bestellungen tätigen, die mobile Bestellfunktion ist über eine Software an SAP angebunden. Dies reduziert die Durchlaufzeit der Auftragserfassung, senkt die Prozesskosten und minimiert das Fehlerpotenzial.*	
Umfeld	*Außendienst, Kunden, Geschäftsführung*	
Termine	**Gesamtdauer**	*8 Monate*
	Starttermin	*01.07.xx*
	Endtermin	*28.02.xx*
	Meilensteine	*Meilenstein 0: Projektstart* *Meilenstein 1: Projektauftrag ist erteilt* *Meilenstein 2: Analyse ist abgeschlossen* *Meilenstein 3: Konzept ist abgenommen* *Meilenstein 4: Programmierung ist abgenommen* *Meilenstein 5: Rollout ist umgesetzt* *Meilenstein 6: Projektende*
Kapazitäts-aufwand in [h]	**Eigenleistung**	*500 Stunden*
	Fremdleistung	*32 Stunden*
Budget in €	**Eigenleistung**	*35.000 €*
	Fremdleistung	*4.000 €*
	Sachmittel	*1000 €*
	Risikobudget	*2000 €*
	Gesamt	*42.000 €*
Projektbeteiligte	**Projektleiter**	*Max Mustermann, PL Vertriebs- und Pricingprozesse*
	Auftraggeber	*Geschäftsführer Hubert Genau GmbH Deutschland*
	Kernteam (=Projekt-mitarbeiter ohne PL)	*Herr ABC, Mitarbeiter Team Sales Support* *Herr DEF, Teamleiter Team Service* *Herr, GHI, SAP Inhouse Consultant* *Herr M. Möglich, Mitarbeiter CRM Software* *Herr JKL, Außendienstmitarbeiter* *Herr MNO, Außendienstmitarbeiter* *Herr PQR, Außendienstmitarbeiter*
	Machtpromotor	*Geschäftsführer Hubert Genau GmbH Deutschland*
	Fachpromotor	*M. Möglich, Mitarbeiter CRM Software*
Störungen, Risiken	*- Personelle Ressourcen zu knapp* *- Fehlende Akzeptanz beim Außendienst* *- weitere Risiken: noch nicht bekannt*	
Freigaben	Unterschrift AG	Unterschrift PL

Tabelle 1 - Projektsteckbrief

1.2 Zielbeschreibung / Zielhierarchie

Ziele beschreiben den zukünftigen und gewünschten Zustand nach erfolgreichem Projektverlauf. Eine systematische Planung kann nur von klaren Projektzielen ausgehen. Deshalb werden im Rahmen des Projekt-Kernteams die Ziele identifiziert, und priorisiert, um diese anschließend mit dem Projekt-Auftraggeber abzustimmen.

Zielart	Nr.	Beschreibung	Messkriterium	Kategorie
Hauptziel		Implementierung einer mobilen Bestellfunktion für iPads der Außendienstmitarbeiter der Hubert Genau GmbH Deutschland bis zum 28.02.xx.		
Leistung-Ziele	L1	Produkte, Ersatzteile, Prospekte u. Werbemittel können mobil bestellt werden.	Stichprobentest lt. Testprotokoll → alle definierte Produkte können ausgewählt und bestellt werden	M
	L2	Die Benutzeroberfläche ist intuitiv und schnell bedienbar.	Erfolgreicher Funktions-Test durch Mitarbeiter, die nicht im Projekt involviert sind.	M
	L3	Eine Offline-Funktion ermöglicht ortsunabhängiges Bestellen.	Erfolgreicher Test u. Abnahme durch Mitarbeiter CRM-Software	S
	L4	Eine Schnittstelle zu SAP ist programmiert.	Erfolgreicher Test durch Mitarbeiter CRM-Software	M
Termin-Ziele	T1	Die Bestellfunktion ist bis zum 18.12.xx programmiert.	Abnahme durch Auftraggeber bis zum 18.12.xx.	M
	T2	Ein Benutzerhandbuch ist bis zum 15.01.xx erstellt.	Benutzerhandbuch liegt bis zum 15.01.xx vor.	S
	T3	Die Tests durch die Pilotgruppe sind zum 08.01.xx abgeschlossen.	Abschlussbericht mit Feedback der Pilotuser liegt bis zum 08.01.xx vor.	S
	T4	Der Außendienst ist bis zum 30.01.xx geschult und nutzt die Bestellfunktion.	Schulungen sind bis 30.01.xx durchgeführt.	M
Kosten-Ziele	K1	Die Prozesskosten der Auftragserfassung sind um 25.000 € pro Jahr reduziert.	2 Monate nach Einführung: Hochrechnung der Kosteneinsparung beträgt mindestens 25.000 € pro Jahr. 1 Jahr nach Einführung: 25.000 € Einsparung laut Prozesskostenrechnung (IST)	M
	K2	Die Papier- u. Druckkosten sind pro Jahr um 2.000 € gesenkt.	2 Monate nach Einführung: Hochrechnung der Kosteneinsparung beträgt mindestens 2.000 € pro Jahr.	S
Soziale Ziele	S1	Außendienst ist ermutigt sich auch privat mit moderner IT zu befassen.	Vorher-/Nachher-Vergleich durch Interviews mit Außendienst	K
	S2	Mehr Freizeit für Außendienst durch geringere Home-Office Zeit.	Vorher-/Nachher-Vergleich durch Interviews mit Außendienst	K
Nicht-Ziele	N1	Nutzung der Bestellfunktion durch Kunden der Hubert Genau GmbH.	*Messkriterium und Kategorisierung nicht notwendig, da Nicht-Ziele*	
	N2	Bestellung von individuell konfigurierten Displays.		
	N3	Abwicklung von individuellen Marketing-Aktionen über die Bestellfunktion .		

Legende   **Ziel-Kategorisierung:**   M = Muss-Ziel   S = Soll-Ziel   K = Kann-Ziel

Tabelle 2 - Zielbeschreibung

Einführung einer mobilen Bestellfunktion

Leistungs-Ziele	Termin-Ziele	Kosten-Ziele	Soziale Ziele	Nicht-Ziele
L1 Produkte, Ersatzteile, Prospekte u. Werbemittel können mobil bestellt werden. **M**	**T1** Die Bestellfunktion ist bis zu 18.12.xx programmiert. **M**	**K1** Die Prozesskosten der Auftragserfassung sind um 25.000 € pro Jahr reduziert. **M**	**S1** Außendienst ist ermutigt sich auch privat mit moderner IT zu befassen. **K**	**N1** Nutzung der Bestellfunktion durch Kunden der Hubert Genau GmbH.
L2 Die Benutzeroberfläche ist intuitiv und schnell bedienbar. **M**	**T2** Ein Benutzerhandbuch ist bis zum 15.01.xx erstellt. **S**	**K2** Die Papier- u. Druckkosten sind pro Jahr um 2.000 € gesenkt. **S**	**S2** Mehr Freizeit für Außendienst durch geringere Home-Office Zeit. **K**	**N2** Bestellung von individuell konfigurierten Displays.
L3 Eine Offline-Funktion ermöglicht ortsunabhängiges Bestellen. **S**	**T3** Die Tests durch die Pilotgruppe sind zum 08.01.xx abgeschlossen. **S**			**N3** Abwicklung von individuellen Marketing-Aktionen über die Bestellfunktion.
L4 Eine Schnittstelle zu SAP ist programmiert. **M**	**T4** Der Außendienst ist bis zum 30.01.xx geschult und nutzt die Bestellfunktion. **M**			

Legende

Ziel-Kategorisierung:	**M = Muss-Ziel**
	S = Soll-Ziel
	K = Kann-Ziel

Abbildung 1 - Zielhierarchie für das Projekt „Mobile Bestellfunktion"

Die Umsetzung von Maßnahmen zur Erreichung eines Projektziels kann dazu führen, dass ein anderes Projektziel positiv oder negativ beeinflusst wird. Dies kann Auswirkungen auf den Projekterfolg haben. Deshalb ist es wichtig, zu identifizieren inwieweit die einzelnen Ziele in einer Beziehung zueinander stehen.

- **Zielidentität**
  Ziele sind vollständig deckungsgleich.

- **Zielkomplementarität**
  Die Verfolgung eines Ziels fördert gleichzeitig das Erreichen anderer Ziele.

- **Zielneutralität**
  Die Erfüllung von zwei oder mehreren Zielen ist voneinander unabhängig.

- **Zielkonkurrenz**
  Die Erfüllung eines Ziels beeinträchtigt die Erfüllung anderer Ziele.

- **Zielantinomie**
  Die Ziele schließen sich vollständig aus.
  Die Zielbeziehungen des Projekts „Mobile Bestellfunktion" werden nachfolgend in einer Matrix dargestellt:

	S2	S1	K2	K1	T4	T3	T2	T1	L4	L3	L2	L1
L1	n	n	n	k	n	n	n	n	n	n	n	
L2	n	n	k	k	n	n	n	n	n	n		
L3	k	k	n	n	ko	ko	n	ko	n			
L4	n	n	n	k	n	n	n	n				
T1	n	n	n	n	n	n	n					
T2	n	k	n	n	n	n						
T3	n	n	n	n	n							
T4	n	n	n	n								
K1	n	n	n									
K2	n	n										
S1	n											
S2												

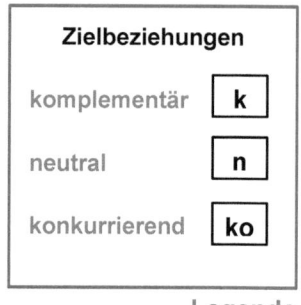

Zielbeziehungen

komplementär	k
neutral	n
konkurrierend	ko

Legende

Abbildung 2 - Zielverträglichkeits-Matrix

Aus der oben aufgezeigten Zielverträglichkeits-Matrix werden drei Zielbeziehungen beispielhaft genauer beschrieben:

- **Komplementäre Zielbeziehung L2 zu K1:**
  Die Ziele „intuitive und schnell bedienbare Benutzeroberfläche" und „Reduzierung der Prozesskosten" sind komplementär zueinander. Durch eine intuitiv bedienbare Benutzeroberfläche kann der Außendienst die Bestellungen schneller erfassen und wird über Standards wie bestimmte Pflichtfelder indirekt gezwungen, alle notwendigen Bestelldaten-Daten an den Innendienst weiterzugeben. Dies fördert damit auch die Reduzierung der Prozesskosten der Auftragsbearbeitung.

- **Neutrale Zielbeziehung L2 zu L4:**
  Die Ziele „intuitive und schnell bedienbare Benutzeroberfläche" und „Schnittstelle zu SAP" sind in ihrer Zielbeziehung neutral zueinander. Die Erfüllung der beiden Ziele ist völlig unabhängig voneinander

- **Konkurrierende Zielbeziehung L3 zu T1:**
  Das Ziel „Offline-Bestellung" steht mit dem Terminziel „Bestellfunktion ist bis zum 18.12.xx fertig gestellt" in konkurrierender Beziehung, da zum Zeitpunkt der Zieldefinition noch nicht klar ist, welchen Zeitaufwand die Programmierung der Offline-Funktion in Anspruch nimmt und inwieweit dieses Feature technisch einwandfrei abbildbar ist. Deshalb wurde das Ziel L3 als Soll-Ziel definiert, das Ziel T1 hingegen als Muss-Ziel. Die Priorisierung der Ziele wurde hierdurch eindeutig festgelegt. Gleiches gilt für die konkurrierenden Zielbeziehungen L3 zu T3 und L3 zu T4.

2 Projektumfeld und Stakeholder

2.1 Projektumfeld, Umfeldfaktoren

Eine genaue Analyse des Projektumfeldes ist erforderlich, um frühzeitig zu erkennen, welche Chancen und Risiken sich hieraus ergeben können.
Im Rahmen einer Projektumfeld-Analyse sollen deshalb die wesentlichen Einflussfaktoren des Projekts systematisch identifiziert und aufgelistet werden. Das Projektumfeld kann dabei nach folgenden Merkmalen unterteilt werden:

- **Sachliche Faktoren:**
  Was beeinflusst das Projekt? (z.B. Rahmenbedingungen, Infrastruktur, etc.)
- **Soziale Faktoren:**
  Wer beeinflusst das Projekt? (Personen/Personengruppen)

Eine weitere Merkmalsunterscheidung ist nach internen und externen Umfeldfaktoren möglich:

- **Interne Faktoren:**
  Innerhalb der eigenen Unternehmensorganisation, z.B. Projektmitarbeiter
- **Externe Faktoren:**
  Außerhalb der eigenen Unternehmensorganisation, z.B. Unternehmensberater

	Soziale Faktoren	Sachliche Faktoren
Interne Faktoren	1. Geschäftsführer Deutschland (= Auftraggeber) 2. Leiter Geschäftsprozesse 3. Kundenbetreuer Innendienst 4. Regional-Verkaufsleiter DE 5. Sales Director International 6. Außendienst (= zukünftige Nutzer) 7. Mitarbeiter IT Service 8. Betriebsrat 9. Mitarbeiter IT-Controlling	12. Strategie für CRM-Software 13. Preis- und Konditionenpolicy 14. IT-Richtlinien und Betriebsvereinbarung zur IT-Ausstattung der Mitarbeiter
Externe Faktoren	10. Kunden 11. Externer Consultant CRM-Software	15. Marktentwicklung 16. US-Bundesgesetz „Sarbans Oxley Act" 17. IT-Richtlinien John Doe Corporation (Mutterkonzern)

Abbildung 3 - Projektumfeld-Portfolio

Einfluss der **sachlichen Umfeldfaktoren** auf das Projekt „Mobile Bestellfunktion"
und daraus abgeleitete Maßnahmen:

Nr.	Sachlicher Umfeldfaktor inkl. Beschreibung	Einfluss auf das Projekt	Maßnahme
12.	**Strategie für CRM-Software:** Da die mobile Bestellfunktion in die bereits bestehende CRM-Software integriert wird, hat die Gesamtstrategie für die Software erheblichen Einfluss auf das Projekt.	hoch	Prüfen bzw. Commitment einholen, dass die bestehende CRM-Software langfristig beibehalten und laufend gewartet wird.
13.	**Preis- und Konditionenpolicy:** Im Rahmen der Preis- und Konditionenpolicy sind die Befugnisse zur Rabattvergabe von Kundenaufträgen eindeutig geregelt. Im Innendienst wird bisher vor Auftragseingabe in SAP nochmal geprüft, ob die in der Policy dokumentierten Regeln eingehalten wurden.	hoch	Außendienst im Rahmen der Benutzerschulung sensibilisieren, dass über die Bestellfunktion eingegebene Aufträge direkt in SAP verarbeitet werden und teilweise keine Kontrolle mehr über den Innendienst erfolgt.
14.	**IT-Richtlinien und Betriebsvereinbarung zur IT-Ausstattung der Mitarbeiter** Datensicherheit der neuen Bestellfunktion muss gewährleistet sein. Teilweise müssen Projektmitarbeiter mit iPads zu Testzwecken ausgestattet werden.	hoch	Abstimmung mit „Chief Security Officer" und Richtlinien-Konformität prüfen
15.	**Marktentwicklung** Eine negative Marktentwicklung in der Dienstleistungsbranche hätte höchstwahrscheinlich auch direkten Einfluss auf den Umsatz der Hubert Genau GmbH. Bei stark rückläufigem Umsatz werden im Rahmen der „Contingency-Maßnahmen" laufende Projekte überprüft und ggf. verschoben. Aufgrund der akutellen Markt- und Umsatzsituation ist hiervon derzeit aber nicht auszugehen.	niedrig	Keine Maßnahme notwendig
16.	**US-Bundesgesetz „Sarbans Oxley Act"** Als Tochter eines US-Konzerns greift das US-Bundesgesetz „Sarbans Oxley Act" auch bei der Hubert Genau GmbH. Im Rahmen dessen sind für alle Geschäftsprozesse Prüfmechanismen zu hinterlegen, um Betrugsfälle möglichst auszuschließen. Der Prozess „order-to-cash" betrifft auch die mobile Bestellfunktion.	niedrig	Prüfen, ob die Dokumentation des Auftragsbearbeitungs-prozesses und die zugehörigen Kontrollmechanismen überarbeitet werden müssen.
17.	**IT-Richtlinien John Doe Corporation (Mutterkonzern)** Die IT-Richtlinien der Hubert Genau GmbH (siehe Nummer 16) werden in Einklang mit den IT-Richtlinien erstellt daher keine weitere Betrachtung von Umfeldfaktor Nr. 19. notwendig.	niedrig	Keine Maßnahme notwendig

Tabelle 3 - Beschreibung und Einfluss der sachlichen Umfeldfaktoren

2.2 Stakeholder

Als Stakeholder bezeichnet man Personen oder Personengruppen, die am Projekt beteiligt, am Projektablauf interessiert oder von den Auswirkungen des Projekts betroffen sind. Sie haben ein begründetes Interesse am Projekterfolg bzw. im negativen Falle an dessen Scheitern.

Für das Projekt „Mobile Bestellfunktion" wird im Rahmen eines Projektteam-Meetings eine Stakeholder-Analyse durchgeführt, indem die über die Umfeldanalyse identifizierten sozialen Faktoren um deren Interessen, Konfliktpotenzial und Einfluss erweitert werden.

Nr.	Stakeholder	Interessen / Erwartungen (E) und Befürchtungen (B) im Hinblick auf das Projekt	Konflikt-potenzial	Einfluss/ Macht
S1	Geschäftsführer (=Auftraggeber)	E: Projekt soll schnellstmöglich erfolgreich durchgeführt werden	niedrig	hoch
S2	Leiter Geschäfts-prozesse	B: Kapazitätsengpässe im Team	hoch	hoch
S3	Kundenbetreuer Innendienst	B: durch immer mehr elektronische Tools entfallen Aufgaben und damit Arbeitsplätze im Innendienst	hoch	niedrig
S4	Regional-Verkaufsleiter Deutschland	E: Auftragserfassung darf nicht auf den Außendienst "verlagert" werden, sprich Zeitaufwand für Bestellung darf nicht länger dauern als mit dem bisherigen System	niedrig	hoch
S5	Sales Director International	E: Fokus des Projekts nicht nur auf Deutschland, internationale Anforderungen sollen ebenfalls berücksichtigt werden	niedrig	niedrig
S6	Außendienst (=zukünftige Nutzer)	E: Bestellungen sollen schon vor Ort beim Kunden ausgelöst werden können B: alte Gewohnheiten hinsichtlich Bestellungen müssen aufgegeben werden, B: Kontakt zu Innendienst-Mitarbeitern wird reduziert da „immer mehr automatisch läuft"	hoch	niedrig
S7	Mitarbeiter IT-Service ("Helpdesk")	B: Angst bei Anrufen des Außendienstes auf der IT-Hotline nicht auskunftsfähig zu sein, da sie das Tool nicht kennen	hoch	niedrig
S8	Betriebsrat	B: Entwicklung hin zum "gläsernen Mitarbeiter", da über elektronische Tools immer mehr über den Mitarbeiter analysiert werden kann	niedrig	niedrig
S9	IT-Controlling	E: positiver ROI des Projekts, möglichst hohes Einsparpotenzial	niedrig	niedrig
S10	Kunden	E: kürzere Durchlaufzeiten bei der Auftragsbearbeitung und dadurch schnellere Lieferung der gewünschten Artikel	niedrig	niedrig
S11	L. Müller, Consultant CRM-Software (extern)	E: Projekterfolg, hierdurch Folgeaufträge (z.B. bei internationalem Rollout oder anderen CRM-Themen)	niedrig	niedrig

Tabelle 4 - Stakeholder-Interessen

Entsprechend ihrem Konfliktpotenzial und Einfluss können die Stakeholder in einem Stakeholder-Portfolio graphisch dargestellt werden:

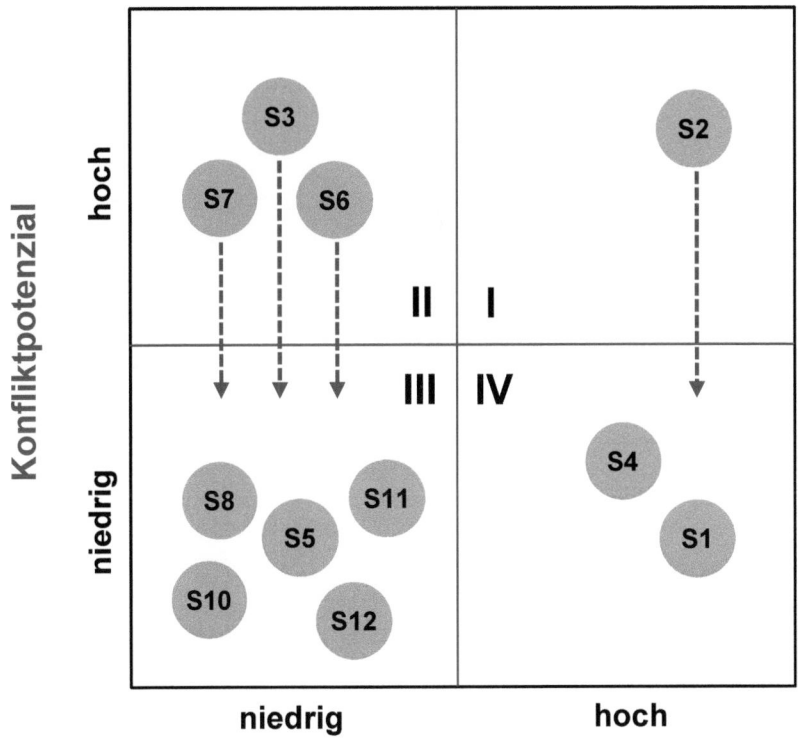

Abbildung 4 - Stakeholder-Portfolio

Um die Stakeholder im Sinne des Projekts positiv zu beeinflussen, können in Abhängigkeit der Positionierung im Portfolio unterschiedliche Handlungsstrategien angewendet werden.

Stakeholder im Quadranten I (hohes Konfliktpotenzial / hoher Einfluss) bedürfen besonderer Aufmerksamkeit. Um durch entsprechende Maßnahmen das Konfliktpotenzial zu minimieren und einen Übergang in den Quadranten III zu ermöglichen, wird eine **diskursive Strategie** angewendet. Damit die Vorbehalte gegenüber dem Projekt ausgeräumt bzw. abgeschwächt werden können, wird ein intensiver Diskurs angestrebt.

Für Stakeholder im Quadranten II (hohes Konfliktpotenzial / niedriger Einfluss) eignet sich eine **repressive Strategie**. Die Stakeholder werden zu Beginn des Projekts über die Vorteile und den Nutzen und im Projektverlauf über den Status auf dem Laufenden gehalten. Durch regelmäßige Information soll das Konfliktpotenzial reduziert werden. Um jedoch den Aufwand in angemessenem Rahmen zu halten, wird in den meisten Fällen auf eine beidseitige Kommunikation verzichtet.
Ähnliches gilt für Stakeholder im Quadranten III. Auch wird auf eine gezielte Informationspolitik gesetzt, ggf. in abgeschwächter Form im Vergleich zu den Stakeholdern im Quadranten II.

Bei Stakeholdern im Quadranten IV (geringes Konfliktpotenzial / hoher Einfluss) wird eine **partizipative Strategie** angewendet. Das heißt, die Stakeholder werden in das Projekt eingebunden, z.B. bei wichtigen Projektentscheidungen.

In der nachfolgenden Tabelle werden konkrete Maßnahmen aufgeführt, die im Rahmen des Projekts „Mobile Bestellfunktion" im Hinblick auf die Stakeholder angewendet werden:

Nr.	Stakeholder	Konflikt-potenzial	Einfluss/ Macht	Maßnahme
S1	Geschäftsführer (=Auftraggeber)	niedrig	hoch	Einbindung in wesentliche Projektentscheidungen, regelmäßige Berichterstattung über Projektfortgang, häufige informelle Kontakte
S2	Leiter Geschäfts-prozesse	hoch	hoch	Einbezug in die Ressourcenplanung, um für beide Seiten tragbare Lösung der Ressourcennutzung anzustreben (ggf. Nutzung von Instrumenten des Konfliktmanagements)
S3	Kundenbetreuer Innendienst	hoch	niedrig	Vorteile für Innendienst und Gesamt-unternehmen im Innendienst-Teammeeting aufzeigen, Info über Projekt-Newsletter
S4	Regional-Verkaufsleiter Deutschland	niedrig	hoch	Mitwirkung bei „Kick-Off"-Veranstaltung, regelmäßige Berichterstattung über Projektfortgang, häufige informelle Kontakte
S5	Sales Director International	niedrig	niedrig	Regelmäßige Info über Projekt-Newsletter
S6	Außendienst (=zukünftige Nutzer)	hoch	niedrig	Ausreichend Zeit in Benutzerschulung investieren, regelmäßige Info über Projekt-Newsletter, ggf. einzeln per Telefon über Status informieren und „Stimmung" abfragen
S7	Mitarbeiter IT-Service ("Helpdesk")	hoch	niedrig	Zu Schulungsveranstaltungen einladen, regelmäßige Info über Projekt-Newsletter
S8	Betriebsrat	niedrig	niedrig	Regelmäßige Info über Projekt-Newsletter
S9	IT-Controlling	niedrig	niedrig	Regelmäßige Info über Projekt-Newsletter
S10	Kunden	niedrig	niedrig	Keine Maßnahme notwendig. Kunden haben keine Kenntnis von dem Projekt. Nach Projektende ist mit positiven Auswirkungen auf Kunden zu rechnen.
S11	L. Müller, Consultant CRM-Software (extern)	niedrig	niedrig	Pflichtenheft und Budgetvorgaben für externen Berater erstellen

Tabelle 5 - Stakeholder-Maßnahmen

3 Risikoanalyse

Projekte sind per Definition neue bzw. einmalige Vorhaben und können deshalb nicht mit Sicherheit vorausgeplant werden. Im Vergleich zu Routinetätigkeiten wird es daher immer zu Abweichungen zwischen Planung und Realität kommen. Hierdurch ist das Risikopotenzial bei Projekten in der Regel auch höher als bei sich wiederholenden Standardtätigkeiten.

Ein „Risiko" wird als ein mögliches zukünftiges Ereignis mit negativen Auswirkungen auf das Projekt definiert. Eine „Chance" hingegen ein zukünftiges Ereignis mit positiven Auswirkungen.
Ein systematisches Risiken- und Chancenmanagement ist eine wesentliche Grundvoraussetzung zur Sicherstellung des Projekterfolges und als fortlaufender Prozess über alle Projektphasen hinweg anzusehen.

3.1 Erfassung, Klassifizierung und Beschreibung der Risiken

Im Rahmen der Risikoanalyse werden im ersten Schritt alle Risiken identifiziert, aufgelistet und beschrieben. Hierzu werden zunächst die Projektziele, die Umfeldanalyse und die Stakeholder-Analyse als Basis zu Grunde gelegt und aus Risikogesichtspunkten betrachtet.

- **Zielbeziehungen:**
  Risiken können gegebenenfalls aus konkurrierenden Zielen abgeleitet werden. Konkurrierende Zielbeziehungen wurden für dieses Projekt über eine Priorisierung gelöst, daher sind hieraus keine Risiken zu erwarten.

- **Sachliche Umfeldfaktoren:**
  Das potentielle „Nichteinhalten der Preis- und Konditionenpolicy" (Umfeldfaktor Nummer 13) stellt ein Risiko dar und wird deshalb in die Risikotabelle mitaufgenommen. Mit dem Umfeldfaktor „IT Richtlinien" (Nummer 14) wird insbesondere das Thema „Unzureichender Datenschutz" assoziiert, dies wird ebenfalls als Risiko angesehen. Auch die mögliche fehlende Konformität mit dem US-Bundesgesetz Sarbans Oxley Act wird als Risiko eingestuft (Umfeldfaktor Nummer 16).

- **Stakeholder:**
  Die Befürchtung des Leiters der Corporate-Function „Geschäftsprozesse", dass es bei Mitarbeitern seiner Abteilung zu Engpässen kommen könnte (Stakeholder-Nummer S2), wird als Risiko aufgenommen. Gleiches gilt für eine mögliche unzureichende Akzeptanz der Außendienst-Mitarbeiter für das neue Bestell-Tool (Stakeholder-Nummer S6).

Alle identifizierten Risiken werden in Tabelle 6 detailliert beschrieben und nach deren Risiko-Art klassifiziert.

Nr.	Risiko	Ursache	Risiko-Art
R1	Vorgaben der Preis- und Konditionenpolicy werden nicht eingehalten	Im Innendienst wird bisher vor Auftragseingabe in SAP geprüft, ob die in der Policy dokumentierten Regeln zur Rabattvergabe vom Außendienst eingehalten wurden. Dies entfällt durch die neue Bestellfunktion, da die Bestellungen der Außendienst-Mitarbeiter direkt in SAP verarbeitet werden.	Wirtschaftliches Risiko
R2	Externe verschaffen sich illegalen Zugriff auf Unternehmens-Stammdaten („Hacker-Angriff auf Bestellfunktion")	Neues IT-Tool bietet Angriffspotenzial für Hacker, um Unternehmensdaten auszuspähen.	Technisches Risiko
R3	Bestellfunktion wird bei der nächsten Betriebsprüfung als nicht „Sarbans Oxley Act"- konform eingestuft.	Einführung der Bestellfunktion hat direkten Einfluss auf den für die Betriebsprüfung relevanten Prozess „order-to-cash".	Wirtschaftliches Risiko
R4	Personelle Ressourcen sind zu knapp	Aktuell hohe Arbeitsbelastung der Mitarbeiter der Corporate-Function „Geschäftsprozesse" durch Urlaubs-, Krankheit- und Mutterschutzvertretungen.	Ressourcen-Risiko
R5	Unzureichende Akzeptanz der Außendienst-Mitarbeiter für die neue Bestellfunktion	Außendienst-Mitarbeiter müssen ihre alten Bestellgewohnheiten aufgeben und haben Angst sich vor dem „Kunden zu blamieren" falls sie die Technik der neuen Bestellfunktion nicht beherrschen.	Terminrisiko

Tabelle 6 - Risikotabelle

Anmerkung des Autors: Es wurde abgestimmt, sich auf die wesentlichen 5 Risiken zu fokussieren.

3.2 Quantitative Bewertung der Risiken und Maßnahmen zur Risikobegegnung

Im nächsten Schritt werden die Risiken nach deren Eintrittswahrscheinlichkeit (ETW) und der potentiellen Schadenshöhe (SH) quantifiziert. Bei beiden Werten handelt es sich um Schätzwerte. Das Produkt aus den beiden quantitativen Kriterien ist der Risikowert (RW). In der folgenden Tabelle werden die Risikowerte für die einzelnen Risiken ermittelt und hieraus ein Gesamt-Risikowert bestimmt.

Nr.	Risiko	Auswirkung	ETW in %	SH in €	RW in €
R1	Konditionenpolicy wird nicht eingehalten	Margenerosion durch höhere Rabattvergabe des Außendienstes aufgrund nicht autorisierter oder versehentlicher Handlungen	15%	10.000	1.500
R2	Hacker-Angriff	Datenverlust durch Hackerangriff oder Weitergabe sensibler Unternehmensdaten wie Kundenstamm	1%	40.000	400
R3	Nicht „Sarbans Oxley Act"-konform	Mögliche Strafzahlungen, falls Auftragsverarbeitungs-Prozesse nicht „Sarbans Oxley Act"-konform sind	5%	80.000	4.000
R4	Personelle Ressourcen zu knapp	Arbeitspakete können nicht termingerecht fertig gestellt werden	20%	15.000	3.000
R5	Fehlende Akzeptanz bei Außendienst	Einführung der Bestellfunktion verzögert sich bzw. Bestellfunktion wird nicht in erforderlichem Maße genutzt.	10%	6.000	600
			Risikowert gesamt:		**9.900**

Tabelle 7 - Quantifizierte Risikotabelle

Maßnahmenplanung:

Der Gesamt-Risikowert vor der Durchführung von **adäquaten Maßnahmen** beträgt **9.900 Euro** und liegt damit bei ca. **23% des Projektbudgets**. Dieses Verhältnis ist als tendenziell kritisch anzusehen, deshalb sollen durch entsprechende Maßnahmen die einzelnen Risikowerte deutlich gesenkt werden.

Im Rahmen des Risikomanagements unterscheidet man dabei zwischen präventiven und korrektiven Maßnahmen. Präventive Maßnahmen wirken im Vorfeld und minimieren damit die Eintrittswahrscheinlichkeit. Korrektive Maßnahmen verringern hingegen die Schadenshöhe bei Eintritt des Risikos.

In Tabelle 8 werden die im Rahmen des Projekt-Teams erarbeiteten Maßnahmen konkret beschrieben und die Auswirkungen auf den Risikowert errechnet.
Wichtig ist dabei, die Kosten der Maßnahmen mit deren Wirkung abzugleichen und nur wirtschaftlich sinnvolle Maßnahmen umzusetzen. Im Falle des Projekts „Mobile Bestellfunktion" werden alle definierten Maßnahmen durchgeführt, da die Kosten der Maßnahmen jeweils geringer sind als die erwartete Reduzierung des Risikowertes (Differenz zwischen „Risikowert neu" und ursprünglichem Risikowert).
Die Kosten der Maßnahmen werden in das Projektbudget eingearbeitet, hierdurch ändert sich dieses minimal auf 42.600 Euro.

Der **Gesamt-Risikowert nach Umsetzung der Maßnahmen** beträgt **2.050 Euro** und damit nur noch knapp **5% des Projektbudgets**. Der Gesamt-Risikowert konnte somit deutlich gesenkt werden.

Nr.	Risiko	Maßnahmen	Kosten Maßn. in €	Um-setzen?	ETW neu in %	SH neu in €	RW neu in €
R1	Konditionen-policy wird nicht eingehalten	Außendienst-Mitarbeiter (ADM) im Rahmen der Schulung des Tools sensibilisieren, stichprobenartige Prüfungen über Innendienst-Mitarbeiter implementieren [präventive Maßnahme]	400	ja	5%	10.000	500
R2	Hacker-Angriff	Bereits bestehende Versicherung gegen Datenverlust und Hackerangriffe ergänzen [korrektive Maßnahme]	200	ja	1%	10.000	100
R3	Nicht „Sarbans Oxley Act"-konform	Prüfung und Freigabe der neuen Bestellprozesse durch Wirtschaftsprüfer [präventive Maßnahme]	400	ja	0,5%	80.000	400
R4	Personelle Ressourcen zu knapp	Überstunden der Mitarbeiter ausbezahlen → zusätzlich 20 Stunden einplanen, die als Überstunden ausbezahlt werden [präventive Maßnahme]	1.400	ja	5%	15.000	750
R5	Fehlende Akzeptanz bei ADM	Im Projektteam ist aus jeder Vertriebsregion ein Außendienst vertreten → müssen Funktion als „Multiplikator" und „Key User" wahrnehmen → Präsentation auf Außendienst-Meeting, um aufzuzeigen, wie diese bereits erfolgreich das Tool im Einsatz haben [präventive Maßnahme]	200	ja	5%	6.000	300
		Kosten aller Maßnahmen:	**2.600**	**Risikowert gesamt neu:**			**2.050**

Tabelle 8 - Risikomaßnahmen

Risiko-Portfolio:

In nachfolgendem Portfolio werden die Projektrisiken nach deren ursprünglicher Eintrittswahrscheinlichkeit und Schadenshöhe dargestellt, um dann die Wirkungsrichtung der präventiven und korrektiven Maßnahmen aufzuzeigen.

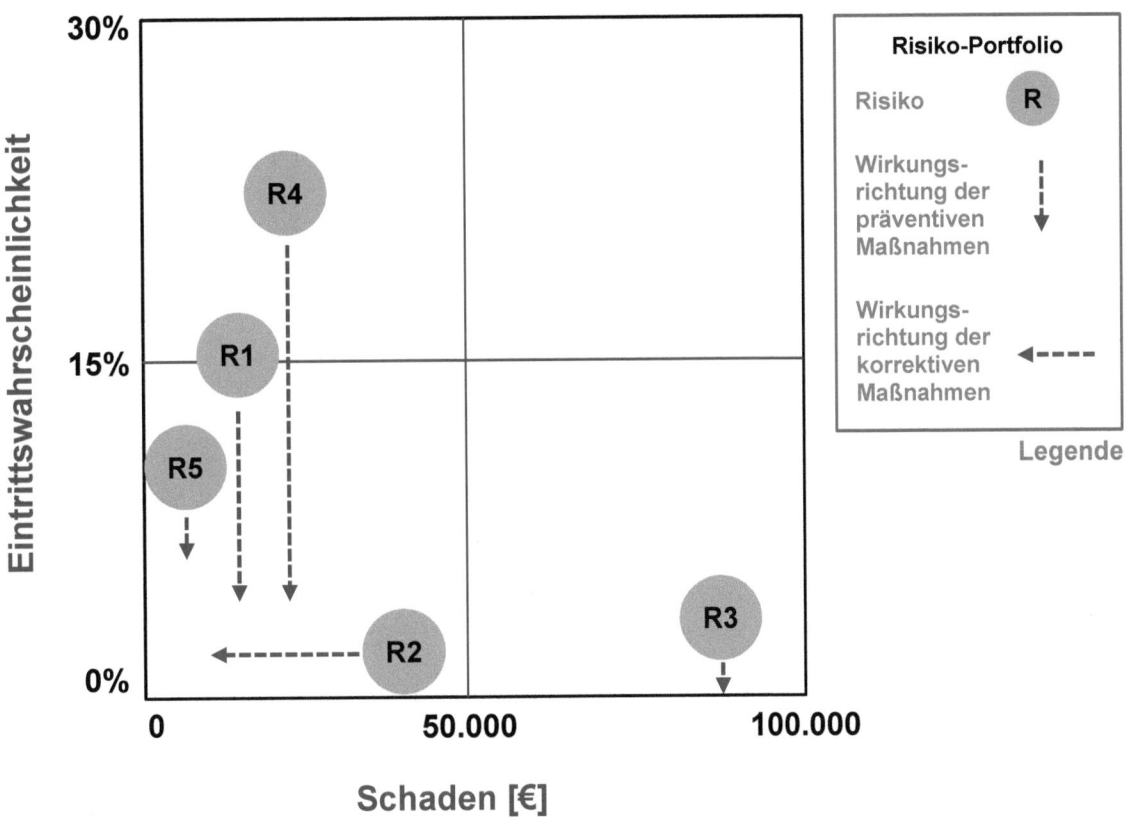

Abbildung 5 - Risiko-Portfolio

Controlling der Projektrisiken:

Die Risikoanalyse sollte nicht als einmalige Vorgehensweise verstanden werden, sondern als laufende Überwachung der Risiken. Es ist deshalb sinnvoll, die Risiken in bestimmten Zeitabständen oder nach bestimmten Projektereignissen neu zu bewerten und ggf. um weitere mögliche Risiken zu ergänzen.

4 Projektorganisation

4.1 Organisationsform des Projekts

Bei der Wahl der Organisationsform gilt es die für das Projekt am besten passende Alternative auszuwählen. Im Wesentlichen wird dabei zwischen drei verschiedenen Organisationsformen unterschieden:

- **Einfluss-Projektorganisation**
  Bei der Einfluss-Projektorganisation übt der Projektleiter eine koordinierende und beratende Tätigkeit aus. Die Mitarbeiter verbleiben in ihren Linienabteilungen, ebenso die Weisungsbefugnis.

- **Autonome Projektorganisation**
  Bei der autonomen oder auch „reinen Projektorganisation" werden Mitarbeiter für die Zeitdauer des Projekts aus ihren Linienabteilungen in Projektabteilungen versetzt. Der Projektleiter verfügt somit über die fachliche und disziplinarische Weisungsbefugnis.

- **Matrix-Projektorganisation**
  Bei der Matrix-Projektorganisation verbleiben die Mitarbeiter zwar in der Linienabteilung, der Projektleiter erhält aber für die Belange des Projekts Entscheidungs- und Weisungsbefugnis. Die im Projekt arbeitenden Mitarbeiter haben somit sowohl einen Linien- als auch einen Projektvorgesetzten.

Bei der Wahl der Organisationsform für das Projekt „Mobile Bestellfunktion" wurden insbesondere die Auswirkungen auf die Gesamtunternehmung und die Projektdauer berücksichtigt. Die veranschlagte Projektdauer von 8 Monaten ist als kurzfristig einzustufen. Das Projektergebnis wirkt sich vor allem auf die Arbeitsweise des deutschen Außendienstes bzw. auf die Prozesse zwischen Innen- und Außendienst aus. Neben dem Vertrieb und der IT sind somit keine weiteren Abteilungen direkt betroffen und die Komplexität des Projekts bleibt in einem überschaubaren Rahmen. Die Notwendigkeit einer organisatorischen Änderung ist deshalb nicht gegeben und die **Einfluss-Projektorganisation** ist in diesem Fall die passende Organisationsform.

Der Projektleiter wird dabei als Stabstelle der Geschäftsführung der „Hubert Genau GmbH Deutschland" zugeordnet und kann somit auch von der faktisch „geliehenen Autorität" der Stabs-Vorgesetzten profitieren. Die Mitarbeiter verbleiben in der Linienorganisation, hierdurch ist eine optimale Auslastung der Ressourcen möglich.

Die nachfolgende Abbildung zeigt die Einfluss-Projektorganisation mit Einbindung in die Stammorganisation. Aus Gründen der Übersichtlichkeit wurde bewusst eine vereinfachte Darstellung gewählt und nur die Fachbereiche dargestellt, aus denen auch Mitarbeiter im Projekt involviert sind. Im Sinne einer überschaubaren Grafik wurde auf die Nennung aller im Fachbereich arbeitenden Mitarbeiter ebenfalls verzichtet.

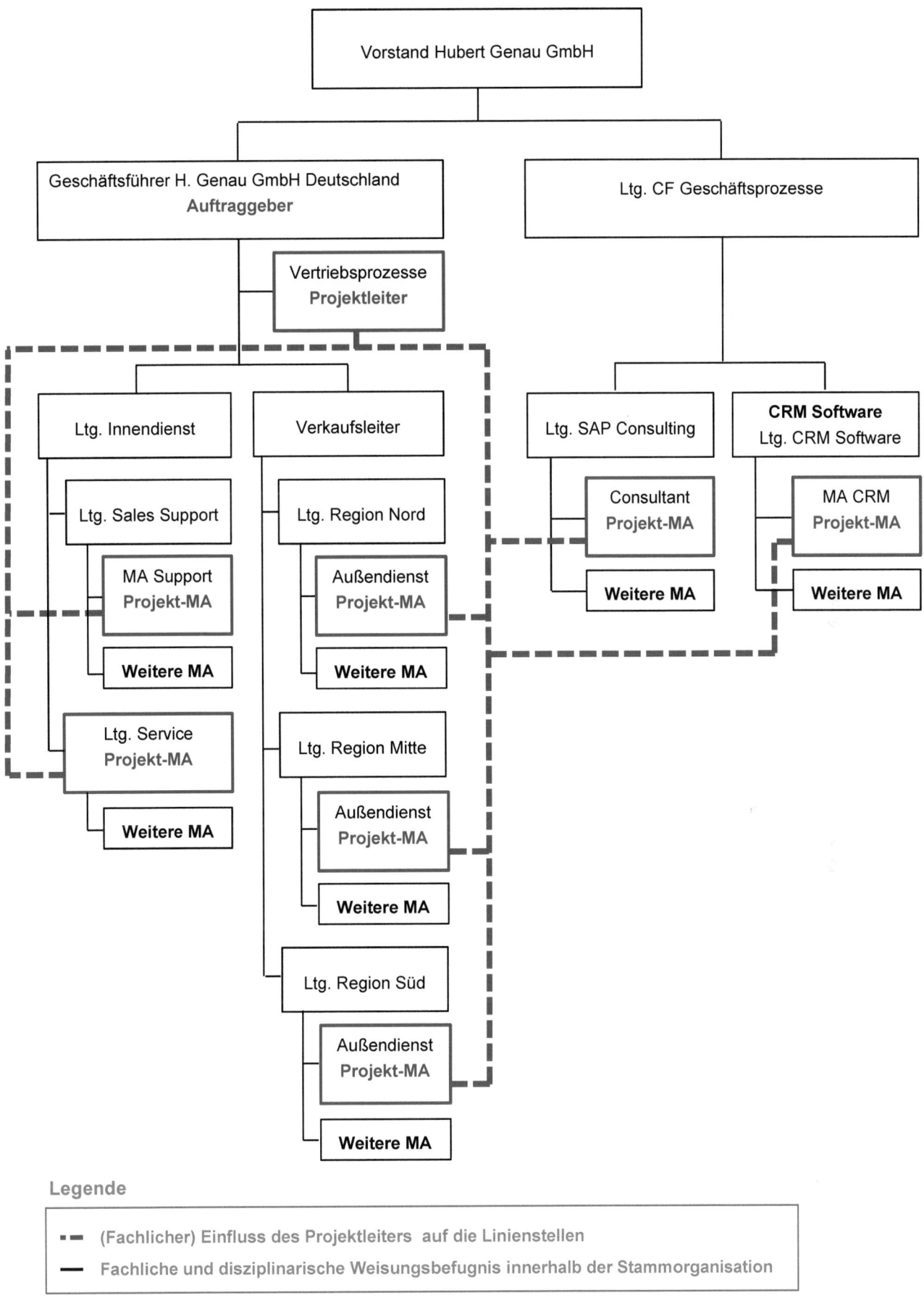

Abbildung 6 - Organigramm der Projektorganisation (Einfluss-Projektorganisation)

Als Projektbeteiligte gelten Personen, die direkt am Projekt beteiligt, am Projektverlauf interessiert oder von den Auswirkungen des Projekts betroffen sind. Die unmittelbar am Projekt „Mobile Bestellfunktion" beteiligten Akteure werden in nachfolgender Tabelle mit Ihren Aufgaben, Befugnissen und Verantwortung dargestellt. Da die Projektressourcen unabhängig von bestimmten Personen beschrieben werden sollen, wird anstelle von Personen die jeweilige Projektrolle beschrieben.

	Aufgaben	Befugnisse	Verantwortung
Auftraggeber	• Erstellung Projektauftrag und Projektziele (zusammen mit dem PL) • Bereitstellung des Budgets • Freigabe Projektabschluss • Abnahme Projektergebnis • Entlastung des Projektleiters	• Beauftragung des Projekts • Entscheidung über potentiell möglichen Projektabbruch	• Verträglichkeit des Projekts mit der Unternehmensstrategie
Projektleiter	• Abstimmung Projektauftrag • Beschaffung geeigneter Ressourcen • Koordination, Führung und Motivation des Projektteams • Planung, Steuerung u. Überwachung von Terminen, Kosten, Qualität und Zielerreichung	• Mitwirkung bei der Festlegung der Projektziele und Besetzung der Projektrollen • Entscheidungs-befugnis für alle Aufgaben im Projekt • Ressourcenzusagen einfordern	• Gesamtverantwortung für den erfolgreichen Abschluss des Projekts
Projekt-mitarbeiter	• Durchführung der an sie delegierten Aufgaben • Dokumentation und Rückmeldung der erbrachten Aufgabenergebnisse	• Umsetzung der Aufgaben • Vorbereitung von Entscheidungen durch den Projektleiter	• Professionelle Umsetzung der an sie übertragenen Aufgaben

Tabelle 9 - Rollenbeschreibung der Projektbeteiligten

4.2 Kommunikation

Kommunikation ist viel mehr als der alleinige Austausch von Worten. Verschiedene sog. Kommunikations-Ebenen beeinflussen wesentlich den Kommunikationsprozess. Neben den verbalen Signalen (Worte, Themen, etc.) gehört hierzu auch die nonverbale Kommunikation („Körpersprache"), paraverbale Signale (Stimmklang, Satzmelodie, etc.) als auch die Kontext-Ebene (räumliche und zeitliche Gegebenheiten, etc.).

Gerade im Projektmanagement gilt es zu beachten, dass die Arbeit im Projektteam als auch die Abstimmung mit den Stakeholdern vorwiegend über Kommunikationsprozesse gestaltet wird. Die „Funktionsweise der Kommunikation" zu kennen beeinflusst die Art und Weise der Kommunikation und der Umgang damit. Kommunikationsmodelle helfen dabei, Kommunikationsprozesse bewusster wahrzunehmen und hierdurch effektiver zu gestalten.

Das Nachrichtenquadrat („Vier-Ohren-Modell")

Das Nachrichtenquadrat bzw. „Vier-Ohren-Modell" ist ein von Schulz von Thun entwickeltes Kommunikationsmodell, dass vier verschiedene Kommunikationsebenen zu Grunde legt:

1. Sachebene → worüber man informiert
2. Beziehungsebene → was man von anderen hält und wie man zu ihnen steht
3. Appel → was man beim Empfänger erreichen möchte
4. Selbstoffenbarung → was man von sich zu erkennen gibt

Laut Schulz von Thun stecken in jeder gesendeten Nachricht vier unterschiedliche Botschaften. Auch der Empfänger „hört mit 4 unterschiedlichen Ohren", also auf vier verschiedenen Ebenen. Die Qualität der Unterhaltung ist somit davon abhängig, ob Sender und Empfänger auf den gleichen Ebenen kommunizieren.
Das Nachrichtenquadrat ist damit ein gutes Instrument, um für die vielfältigen Botschaften neben dem Sachinhalt sensibel zu werden.

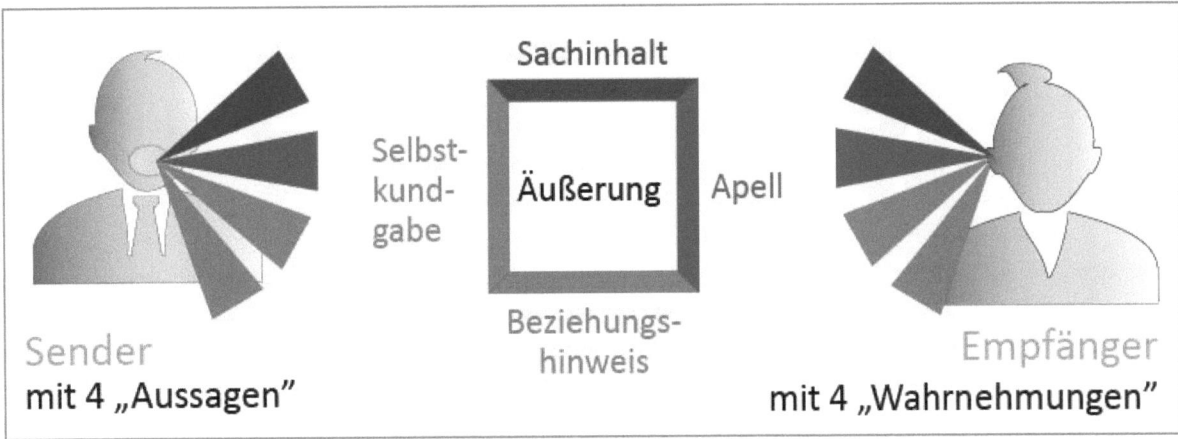

Abbildung 7 - Das Nachrichtenquadrat (in Anlehnung an Schulz von Thun)

Praxisbeispiel zur Kommunikation anhand des Nachrichtenquadrat-Modells:

Nachfolgend soll beispielhaft eine Kommunikationssituation zwischen dem Projektleiter und dem Mitarbeiter der Abteilung „SAP Inhouse Consulting" dargestellt und anhand des Kommunikationsmodells Nachrichtenquadrat näher betrachtet und analysiert werden.

Situation: der Projektleiter bespricht mit dem Mitarbeiter „SAP Inhouse Consulting" das für das Projekt wesentliche Arbeitspaket „Schnittstelle zwischen Bestellfunktion und SAP programmieren". Der Mitarbeiter aus dem SAP-Team wehrt sich zwar nicht gegen diese Aufgabe, seine nonverbalen Signale deuten aber darauf hin, dass er mit der Aufgabe nicht einverstanden zu sein scheint, obwohl er hierfür ausgewiesener Experte ist.

Was ist passiert?

	Projektleiter	Mitarbeiter SAP Inhouse Consulting
Sachebene	Ich informiere über die konkreten Anforderungen und die To Do's, die sich daraus für den Mitarbeiter SAP Inhouse Consulting ergeben. Damit der Zeitplan eingehalten werden kann, teile ich den spätmöglichsten Fertigstellungstermin mit.	Ich höre mir die Informationen des Projektleiters an.
Beziehungs-ebene	Du bist in das Projektteam involviert und musst dich fügen. Ich schätze deine fachliche Kompetenz in Bezug auf SAP-Programmierung.	Er macht einen guten Job als Projektleiter, das finde ich gut. Aber am Ende ist es doch wie immer: Der Projektleiter erntet die Lorbeeren und was ich an Programmierarbeit in das Projekt gesteckt habe, bekommt wieder niemand mit.
Selbst-offenbarung	Ausreden akzeptiere ich nicht. Du bist mein Experte und Mitglied im Projektteam - also hilf mir, das ist deine Aufgabe.	Ich signalisiere nonverbal (unbewusst), dass ich mit etwas nicht einverstanden bin.
Appel	Du erledigst das Arbeitspaket bis zum geforderten Zeitpunkt.	Ich bin die „graue Maus" im Hintergrund, das behagt mir nicht. Bitte erkennt meine Arbeit an und lobt mich dafür.

Tabelle 10 - Praxisbeispiel Nachrichtenquadrat

Nachdem der Projektleiter erkennt, dass der Mitarbeiter aus dem SAP-Team nonverbal Signale sendet, dass etwas nicht in Ordnung ist, spricht er ihn konkret darauf an. Nach erstem Zögern offenbart sich der Mitarbeiter und erzählt, dass er in der Vergangenheit schon in mehreren Projekten mitgearbeitet hat und Fachpromotor war, die Projekterfolge bisher aber nie auf ihn zurückgefallen sind. Der Projektleiter macht daraufhin klar, dass er die Gesamtverantwortung für das Projekt inne hat, das kann im Falle eines Projekterfolges positive Auswirkungen haben - im Falle eines Scheiterns aber auch negative Konsequenzen mit sich bringen.

Gleichwohl versteht der Projektleiter auch die Situation des SAP-Mitarbeiters und macht deshalb deutlich, dass das gesamte Projekt „mobile Bestellfunktion" eine Teamleistung ist und dies auch entsprechend so kommuniziert wird, z.B. im Rahmen eines Berichts in der Hubert Genau GmbH-Mitarbeiterzeitung. Im Falle eines Projekterfolges wird dort jedes Teammitglied entsprechend gewürdigt.

Kommunikation innerhalb des Projekt-Teams

Im Zuge des ersten Projektmeetings werden gemeinsam „Eckpfeiler" für die Kommunikation festgelegt:

- Als unterstützende Software zur Projektsteuerung und Datenablage wird die Software „Mindplan" verwendet
- Team-Meetings finden alle 14 Tage statt, um den aktuellen Status zu besprechen. Die ins Projekt involvierten Außendienst-Mitarbeiter werden teilweise per Telefonkonferenz zugeschaltet.
- Bei wichtigen Projektentscheidungen nimmt der Auftraggeber ebenfalls an den Meetings teil.
- Wichtige Entscheidungen werden in einem Protokoll festgehalten, hierfür ist der Projektleiter verantwortlich, Arbeitspakete werden in der Software „Mindplan" dargestellt.
- Regeln für Besprechungen müssen nicht explizit erstellt werden. Diese wurden für das gesamte Unternehmen Hubert Genau GmbH bereits festgelegt und hängen in jedem Besprechungszimmer aus (aktives Zuhören, Mobilfunktelefone ausschalten, vor jedem Meeting eine Agenda erstellen, etc.) Der Projektleiter verweist zu Beginn jeden Meetings auf diese Besprechungsregeln.
- Bei allen Statusberichten an die Stakeholder wird das Projektteam in Kopie gesetzt.

Kommunikation mit den Projekt-Stakeholdern

Mit Hilfe einer Stakeholder-Kommunikationsmatrix wird die Kommunikation mit den Stakeholdern systematisch dokumentiert. Diese kann folgende Informationen beinhalten:

- **Wer** soll informiert werden?
- **Was** soll kommuniziert werden? (Welche Inhalte?)
- **Wann** erfolgt die Kommunikation?
- **Wie** wird kommuniziert? (Welches Medium)
- Durch **wen** erfolgt die Kommunikation?

Nr.	Wer	Was	Wann	Wie	Durch Wen
S1	Geschäftsführer (=Auftraggeber)	Projektfortschritt, Meilensteine, Herausforderungen, Konflikte	14-tägig 1x/Monat 1x/Monat	Projektstatusbericht teilweise Teilnahme an Projektmeetings Jour fixe zwischen AG und PL	Projektleiter Projektleiter/ Projekt-Team Projektleiter
S2	Leiter Geschäfts-prozesse	Abstimmung Projektressourcen (für Mitarbeiter Geschäftsprozesse) Projekt-Newsletter (Info über Status)	1x/Monat 1x/Monat	Meeting mit PL und Mitarbeitern Geschäftsprozesse E-Mail	Projekteiter Projektleiter
S3	Kundenbetreuer Innendienst	Nutzen und Ziele aufzeigen Projekt-Newsletter (Info über Status)	einmalig zu Beginn 1x/Monat	Teammeeting Innendienst E-Mail	Projektleiter Projektleiter
S4	Regional-Verkaufsleiter Deutschland	Teilnahme Workshop zu Anforderungen Projekt-Newsletter (Info über Status)	einmalig, Kick-Off 1x/Monat	Projektmeeting E-Mail	Projektleiter / Projektteam Projektleiter
S5	Sales Director Int.	Projekt-Newsletter (Info über Status)	1x/Monat	E-Mail	Projektleiter
S6	Außendienst (=zukünftige Nutzer)	Projekt-Newsletter (Info über Status) Schulung	1x/Monat vor Rollout	E-Mail Infoveranstaltung	Projektleiter MA Sales Support
S7	Mitarbeiter IT-Service ("Helpdesk")	Projekt-Newsletter (Info über Status) Schulung	1x/Monat vor Rollout	E-Mail Infoveranstaltung	Projektleiter MA Sales Support
S8	Betriebsrat	Projekt-Newsletter (Info über Status)	1x/Monat	E-Mail	Projektleiter
S9	IT-Controlling	Projekt-Newsletter (Info über Status)	1x/Monat	E-Mail	Projektleiter
S10	Kunden	Keine Info während Projektphase notwendig, ggf. werbewirksamer Pressebericht in Fachzeitschrift nach erfolgreicher Einführung	nach erfolg-reicher Ein-führung	Pressebericht	Projektleiter
S11	Consultant CRM-Software (extern)	Pflichtenheft / Lastenheft, Festlegung der Konditionen Info über Arbeitsergebnisse	Zu Projekt-beginn Wenn erledigt	Vertrag E-Mail, ggf. in Projektmeeting	Projektleiter CRM-Consultant

Tabelle 11 - Stakeholder-Kommunikationsmatrix

5 Phasenplanung

5.1 Beschreibung der Projektphasen und der Meilensteine

Ein Phasenplan ermöglicht bereits frühzeitig eine grobe Übersicht über den Projektverlauf und ermöglicht somit eine Reduzierung der Komplexität. Das Projekt „mobile Bestellfunktion" ist im Wesentlichen ein IT-Projekt (Software-Entwicklung), hat aber auch deutliche Auswirkungen auf die Ablauforganisation im Vertrieb. Im Projekt-Management-Handbuch der Firma Hubert Genau GmbH gibt es für derartige Projekte ein Vorgehensmodell, welches in diesem Projekt in leicht abgeänderter Form in Anwendung kommt. Die hierbei definierten Projektphasen werden in Tabelle 12 dargestellt und am Projekt „mobile Bestellfunktion" konkret erläutert.

Nr.	Name der Projektphase	Ziel(e)	Hauptaktivität(en)	Dauer in Wochen (ca.)
P1	Initialisierungs-Phase	Die Rahmen-bedingungen für das Projekt „mobile Bestellfunktion" sind definiert.	• Projekt-Team zusammenstellen • Kick-Off Veranstaltung durchführen	4
P2	Analyse-Phase	Der IST-Prozess ist aufgenommen, Verbesserungs-potenziale sind abgeleitet und dokumentiert.	• Interviews mit Außendienst-mitarbeitern zu aktuellem Bestellverhalten • Analyse des Bestellvolumens nach Produkten	4
P3	Konzeptions-Phase	Das Datenmodell und die Benutzeroberfläche sind definiert.	• Ideen-Workshop durchführen • Abstimmung Datenmodell mit externem CRM-Consultant	8
P4	Entwicklungs-Phase	Die mobile Bestellfunktion ist programmiert.	• Schnittstelle zu SAP programmieren • Benutzeroberfläche programmieren	8
P5	Rollout-Phase	Die mobile Bestellfunktion ist ausgerollt. Der Außendienst nutzt die Bestellfunktion.	• Live-Test durchführen • Schulungsunterlagen erstellen • Außendienst-Mitarbeiter schulen	4
P6	Abschluss-Phase	Ein Projekt-Review ist durchgeführt.	• Feedback von Projektmitgliedern und Außendienst einholen • Projektabschluss-Bericht in Mitarbeiterzeitung	4

Tabelle 12 - Beschreibung der Projektphasen

Phasen gliedern ein Projekt in zeitliche oder sachliche Abschnitte. **Meilensteine** sind definierte Ereignisse von besonderer Bedeutung. Für sie sind Leistungskriterien sowie deren Ausprägung zu definieren. Die Terminierung der Meilensteine spielt dabei zunächst nur eine untergeordnete Rolle. **Aktivitäten** sind hingegen Hauptaufgaben, die in einer Projektphase zu erledigen sind.

Das in diesem Projekt angewendete Phasenmodell weißt eine **sequentielle Struktur** auf, das heißt eine Phase folgt der anderen und Meilensteine trennen diese Phasen. Bei einem sequentiellen Phasenmodell erfolgt der Übergang in die nächste Phase erst, wenn alle Aktivitäten der vorangehenden Phase vollständig abgeschlossen sind. Beispiel: erst wenn die Konzeptions-Phase abgeschlossen und vom Auftraggeber freigegeben ist, kann mit der Programmierung der Benutzeroberfläche begonnen werden.

In der nachfolgenden Tabelle werden die Meilensteine des Projekts „mobile Bestellfunktion" dargestellt. Alle Meilensteine beginnen bzw. beenden jeweils eine neue Projektphase.

Nr.	Name des Meilensteins	Ergebnis, das bei Erreichen des Meilensteins vorliegt
M0	Projektstart	Der Projektleiter nimmt die Arbeit auf.
M1	Projektauftrag ist erteilt	Der Projektauftrag ist zwischen Projektleiter und Auftraggeber abgestimmt.
M2	Analyse ist abgeschlossen	IST-Analyse und Bedarfsermittlung ist abgeschlossen und vom Auftraggeber abgenommen.
M3	Konzept ist abgenommen	Konzept zu Datenmodell und Bedienoberfläche sind vom Auftraggeber abgenommen.
M4	Programmierung ist abgenommen	Fertig gestellte Bestellfunktion ist vom Auftraggeber abgenommen.
M5	Rollout ist umgesetzt	Außendienst nutzt die Bestellfunktion. Abnahme durch Auftraggeber ist erfolgt.
M6	Projektende	„Lessons Learned" sind zusammengetragen und ausgewertet. Der Projektleiter ist entlastet.

Tabelle 13 - Beschreibung der Meilensteine

5.2 Veranschaulichung der Projektphasen

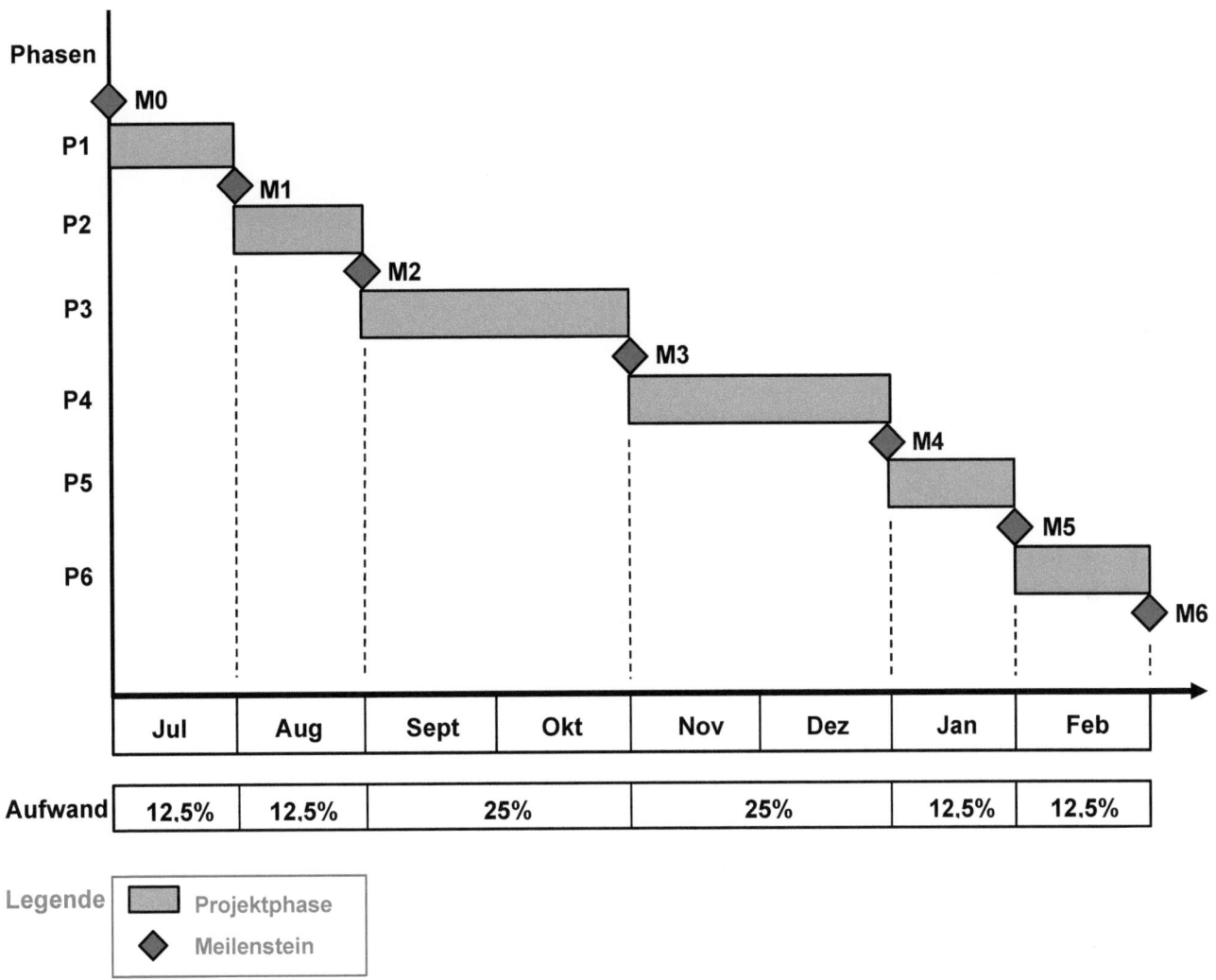

Abbildung 8 - Phasenplan

Anmerkung des Autors: Das Projektmanagement wurde in der Grafik nicht gesondert ausgewiesen, da es querschnittlich über alle Projektphasen hinweg stattfindet.

6 Projektstrukturplan

Der Projektstrukturplan (PSP) ist das zentrale Ordnungsinstrument im Projekt. Er hat Auswirkungen auf alle nachfolgenden Projektpläne und wird deshalb auch als „Mutter aller Pläne" bezeichnet. Der Projektstrukturplan soll sämtliche, für das Projekt erforderliche Leistungen enthalten. Neben dem Wurzelelement umfasst er Teilaufgaben und Arbeitspakete. Arbeitspakete sind dabei die kleinsten, nicht weiter zerlegbaren Elemente.
Um Teilaufgaben und Arbeitspakete eindeutig zu kennzeichnen, werden diese codiert. Die Codierung kann dabei rein numerisch, rein alphabetisch oder gemischt alpha-numerisch erfolgen.

6.1 Darstellung und Codierung des PSP

In Abhängigkeit vom geplanten Verwendungszweck kann der Projektstrukturplan objektorientiert, funktions-/aktivitätsorientiert, phasenorientiert oder organisationsorientiert gegliedert werden. Oftmals werden in der Praxis aber auch gemischt-orientierte Strukturen verwendet, also eine Kombination von verschiedenen Gliederungsprinzipien.
Für das Projekt „mobile Bestellfunktion" wurde eine phasenorientierte Gliederung gewählt. Da zur Implementierung der Bestellfunktion die in Kapitel 5 beschriebenen Projektphasen in sequentieller Logik durchlaufen werden, bietet sich diese Darstellungsform für dieses Projekt an. Das „Projekt-Management" wurde ebenfalls als eigene Teilaufgabe integriert.

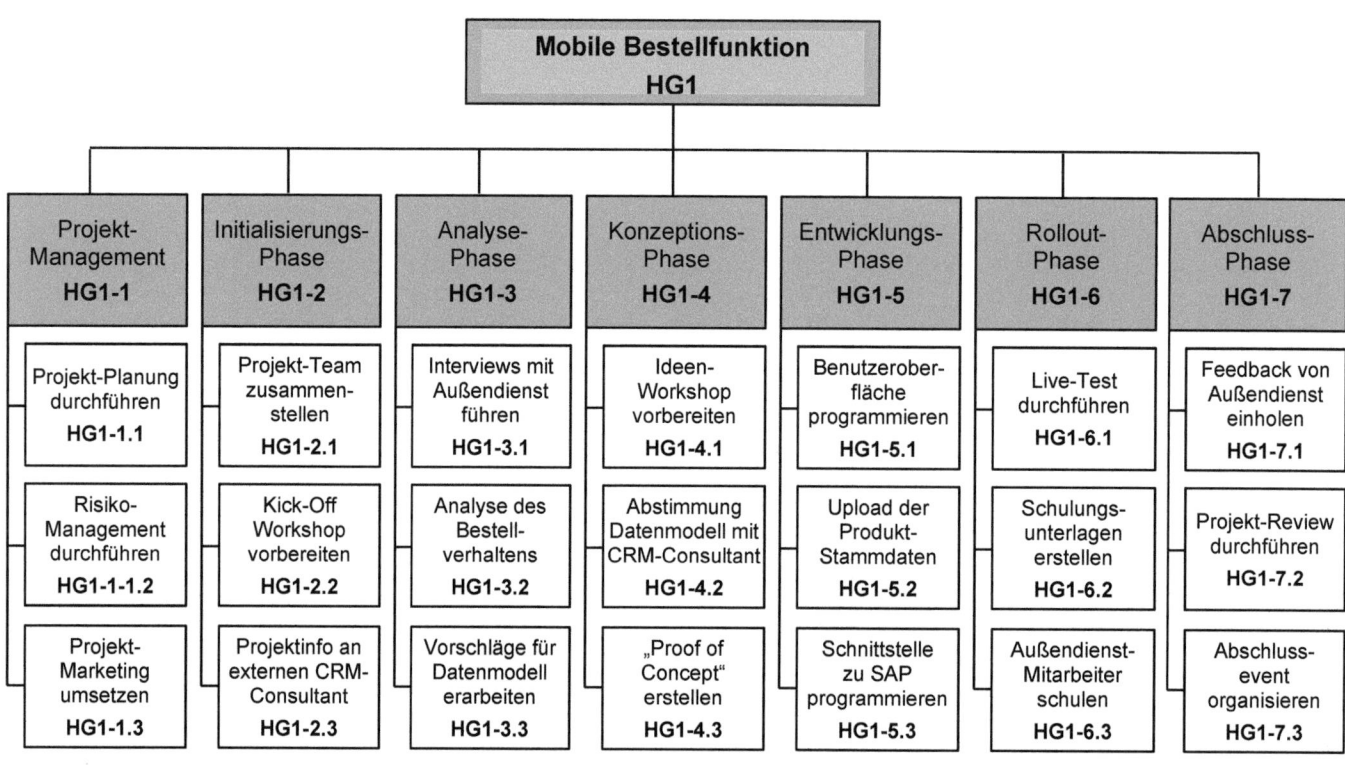

Abbildung 9 - Phasenorientierter Projektstrukturplan

PSP Code	Arbeitspaketbezeichnung	Phase
HG1	**Mobile Bestellfunktion**	Wurzelelement
HG1-1.1	Projekt-Planung durchführen	Projektmanagement **HG1-1**
HG1-1.2	Risikomanagement durchführen	
HG1-1.3	Projektmarketing umsetzen	
HG1-2.1	Projekt-Team zusammenstellen	Initialisierungs-Phase **HG1-2**
HG1-2.2	Kick-Off Workshop vorbereiten	
HG1-2.3	Projektinfo an externen CRM-Consultant	
HG1-3.1	Interviews mit Außendienst führen	Analyse-Phase **HG1-3**
HG1-3.2	Analyse des Bestellverhaltens	
HG1-3.3	Vorschläge für Datenmodell erarbeiten	
HG1-4.1	Ideen-Workshop vorbereiten	Konzeptions-Phase **HG1-4**
HG1-4.2	Abstimmung Datenmodell mit CRM-Consultant	
HG1-4.3	„Proof of Concept" erstellen	
HG1-5.1	Benutzeroberfläche programmieren	Entwicklungs-Phase **HG1-5**
HG1-5.2	Upload der Produktstammdaten	
HG1-5.3	Schnittstelle zu SAP programmieren	
HG1-6.1	Live-Test durchführen	Rollout-Phase **HG1-6**
HG1-6.2	Schulungsunterlagen erstellen	
HG1-6.3	Außendienst-Mitarbeiter schulen	
HG1-7.1	Feedback vom Außendienst einholen	Abschluss-Phase **HG1-7**
HG1-7.2	Projekt-Review durchführen	
HG1-7.3	Abschlussevent organisieren	

Tabelle 14 - Liste der Arbeitspakete

Anmerkung des Autors: Die Anzahl der in dem Transfernachweis dargestellten Arbeitspakete entspricht nicht der tatsächlichen Anzahl der Arbeitspakete. Pro Projektphase wurden für den Transfernachweis jeweils 3 wesentliche Arbeitspakete ausgewählt.

6.2 Arbeitspaketbeschreibung

Arbeitspaketbeschreibung	Blatt 1 von 1

Arbeitspaket-Titel	PSP-Nr.
Analyse des Bestellverhaltens	*HG1-3.2*

Projektname:	Datum:
Mobile Bestellfunktion	*26.07.20xx*

Verantwortliche Person:	Start: *01.08.20xx*
Herr ABC, Mitarbeiter Sales Support	Ende: *14.08.20xx*
	Dauer: *10 Arbeitstage*

Ziel des Arbeitspakets

Die Außendienst-Bestellungen der letzten 1,5 Jahre sind ausgewertet und analysiert.

Lieferobjekte des Arbeitspakets / Tätigkeitsbeschreibung

1. Datendownload aller Bestellungen der Jahre 20xx und 1 Halbjahr 20xx aus SAP
2. Analyse der Bestellungen des Außendienstes, Kernfrage: welche Produkte bzw. Produktgruppen (Prospekte, Attrappen, Ersatzteile, etc.) werden am häufigsten bestellt?
3. Zusammenfassung der Ergebnisse für Auftraggeber
4. Abstimmung mit Auftraggeber

Fortschrittsgradmessung:

Statusschritt-Technik: jede der oben genannten Aktivitäten entspricht einem Arbeitsumfang von 25%

Voraussetzungen (Einsatzmittel, Dokumente, etc.):

Verwendung der „Logischen Datenbanken" in SAP

Risiko:

Kein spezielles Risiko für dieses Arbeitspaket

Ressourcen & Kosten / beteiligte Mitarbeiter

Nr.	Ausführende(r)	Arbeitsauf-wand [PT]	Personal-kosten [€]	Investitio-nen [€]	Sach-kosten [€]
1.	*Herr ABC*	*2*	*1.120 €*		
		Summe(n):	*1.120 €*		

Abbildung 10 - Arbeitspaket „Analyse des Bestellverhaltens"

Arbeitspaketbeschreibung	Blatt 1 von 1

Arbeitspaket-Titel	PSP-Nr.
Außendienst-Mitarbeiter schulen	*HG1-6.3*

Projektname:	Datum:
Mobile Bestellfunktion	*05.12.20xx*

Verantwortliche Person:	Start: *16.01.20xx*
M. Möglich Mitarbeiter CRM-Software	Ende: *30.01.20xx*
	Dauer: *11 Arbeitstage*

Ziel des Arbeitspakets

Alle Außendienstmitarbeiter sind geschult und können nach der Schulung die mobile Bestellfunktion selbständig nutzen.

Lieferobjekte des Arbeitspakets / Tätigkeitsbeschreibung

1. *Schulung der Außendienst-Mitarbeiter der Region Nord während Team-Meeting in der Zentrale*
2. *Schulung der Außendienst-Mitarbeiter der Region Mitte während Team-Meeting in der Zentrale*
3. *Schulung der Außendienst-Mitarbeiter der Region Süd während Team-Meeting in der Zentrale*

Fortschrittsgradmessung:

Statusschritt-Technik: die Schulung jedes Vertriebs-Teams der einzelnen Regionen entspricht einem Arbeitsumfang von jeweils 33%.

Voraussetzungen (Einsatzmittel, Dokumente, etc.):

Arbeitspaket HG1-6.2 „Schulungsunterlagen erstellen" ist fertig gestellt. Schulungsunterlagen werden als Handout jedem Teilnehmer zur Verfügung gestellt.

Risiko:

Unzureichende WLAN-Verbindung in Schulungsraum verhindert schnelle Datenübertragung während der Schulung und gefährdet hierdurch die Akzeptanz beim Außendienst.

Ressourcen & Kosten / beteiligte Mitarbeiter

Nr.	Ausführende(r)	Arbeitsauf-wand [PT]	Personal-kosten [€]	Investitio-nen [€]	Sach-kosten [€]
1.	*M. Möglich*	*2*	*1.120 €*		
2.	*Herr ABC*	*2*	*1.120 €*		
	Summe(n):		*2.240 €*		

Abbildung 11 - Arbeitspaket „Außendienst-Mitarbeiter schulen"

7 Ablauf und Terminplanung

Mit der Planung der Abläufe und Termine wird der größte Detaillierungsgrad in der Planungsphase eines Projekts erreicht. Der Ablauf- und Terminplan bildet die Grundlage für die Steuerung des Projekts in der Realisierungsphase.

7.1 Vorgangsliste

PSP Code	Vorgang	Geplante Dauer	PSP Code Vorgänger	AOB
HG1	**Mobile Bestellfunktion**			
M0	**Projektstart**			
HG1-1	**Projektmanagement**			
HG1-1.1	Projekt-Planung durchführen	30	M0	NF
HG1-1.2	Risikomanagement durchführen	133	M0	NF
HG1-1.3	Projektmarketing umsetzen	30	M0	NF
HG1-2	**Initialisierungs-Phase**			
HG1-2.1	Projekt-Team zusammenstellen	11	M0	NF
HG1-2.2	Kick-Off Workshop vorbereiten	5	HG1-2.1	NF
HG1-2.3	Projektinfo an externen CRM-Consultant	5	HG1-2.2	NF
M1	**Projektauftrag ist erteilt**		HG1-2.3	
HG1-3	**Analyse-Phase**			
HG1-3.1	Interviews mit Außendienst führen	17	M1	NF
HG1-3.2	Analyse des Bestellverhaltens	10	M1	NF
HG1-3.3	Vorschläge für Datenmodell erarbeiten	5	HG1-3.1, HG1-3.2	NF
M2	**Analyse ist abgeschlossen**		HG1-3.3	
HG1-4	**Konzeptions-Phase**			
HG1-4.1	Ideen-Workshop vorbereiten	5	M2	NF
HG1-4.2	Abstimmung Datenmodell mit CRM-Consultant	15	HG1-4.1	NF
HG1-4.3	„Proof of Concept" erstellen	20	HG1-4.2	NF
M3	**Konzept ist abgenommen**		HG1-4.3	
HG1-5	**Entwicklungs-Phase**			
HG1-5.1	Benutzeroberfläche programmieren	20	M3	NF
HG1-5.2	Upload der Produktstammdaten	10	M3	AF
HG1-5.3	Schnittstelle zu SAP programmieren	18	HG1-5.1, HG1-5.2	NF
M4	**Programmierung ist abgenommen**		HG1-5.3	
HG1-6	**Rollout-Phase**			
HG1-6.1	Live-Test durchführen	5	M4	NF
HG1-6.2	Schulungsunterlagen erstellen	5	HG1-6.1	NF
HG1-6.3	Außendienst-Mitarbeiter schulen	11	HG1-6.2	NF
M5	**Rollout ist umgesetzt**		HG1-6.3	
HG1-7	**Abschluss-Phase**			
HG1-7.1	Feedback von Außendienst einholen	9	M5	NF
HG1-7.2	Projekt-Review durchführen	5	HG1-7.1	NF
HG1-7.3	Abschlussevent organisieren	5	HG1-7.2	NF
M6	**Projektende**		HG1-7.3	

Tabelle 15 - Vorgangsliste

7.2 Vernetzter Balkenplan und berechneter Netzplan

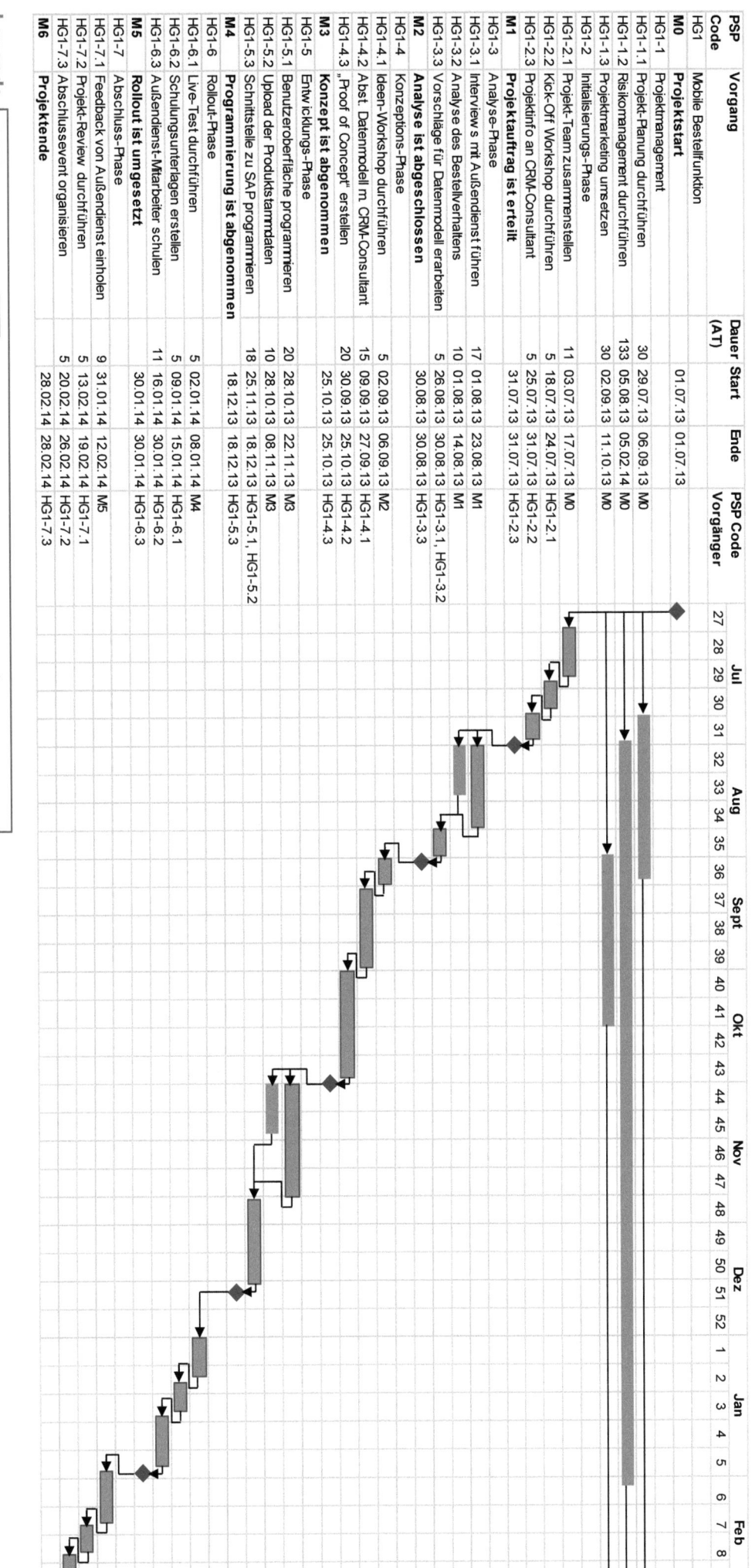

PSP Code	Vorgang	Dauer (AT)	Start	Ende	PSP Code Vorgänger
HG1	**Mobile Bestellfunktion**				
M0	**Projektstart**		01.07.13	01.07.13	
HG1-1	Projektmanagement				
HG1-1.1	Projekt-Planung durchführen	30	29.07.13	06.09.13	M0
HG1-1.2	Risikomanagement durchführen	133	05.08.13	05.02.14	M0
HG1-1.3	Projektmarketing umsetzen	30	02.09.13	11.10.13	M0
M1	**Projektauftrag ist erteilt**		31.07.13	31.07.13	HG1-2.3
HG1-2	Initialisierungs-Phase				
HG1-2.1	Projekt-Team zusammenstellen	11	03.07.13	17.07.13	M0
HG1-2.2	Kick-Off Workshop durchführen	5	18.07.13	24.07.13	HG1-2.1
HG1-2.3	Projektinfo an CRM-Consultant	5	25.07.13	31.07.13	HG1-2.2
HG1-3	Analyse-Phase				
HG1-3.1	Interviews mit Außendienst führen	17	01.08.13	23.08.13	M1
HG1-3.2	Analyse des Bestellverhaltens	10	01.08.13	14.08.13	M1
HG1-3.3	Vorschläge für Datenmodell erarbeiten	5	26.08.13	30.08.13	HG1-3.1, HG1-3.2
M2	**Analyse ist abgeschlossen**		30.08.13	30.08.13	HG1-3.3
HG1-4	Konzeptions-Phase				
HG1-4.1	Ideen-Workshop durchführen	5	02.09.13	06.09.13	M2
HG1-4.2	Abst. Datenmodell im CRM-Consultant	15	09.09.13	27.09.13	HG1-4.1
HG1-4.3	„Proof of Concept" erstellen	20	30.09.13	25.10.13	HG1-4.2
M3	**Konzept ist abgenommen**		25.10.13	25.10.13	HG1-4.3
HG1-5	Entwicklungs-Phase				
HG1-5.1	Benutzeroberfläche programmieren	20	28.10.13	22.11.13	M3
HG1-5.2	Upload der Produktstammdaten	10	28.10.13	08.11.13	M3
HG1-5.3	Schnittstelle zu SAP programmieren	18	25.11.13	18.12.13	HG1-5.1, HG1-5.2
M4	**Programmierung ist abgenommen**		18.12.13	18.12.13	HG1-5.3
HG1-6	Rollout-Phase				
HG1-6.1	Live-Test durchführen	5	02.01.14	08.01.14	M4
HG1-6.2	Schulungsunterlagen erstellen	5	09.01.14	15.01.14	HG1-6.1
HG1-6.3	Außendienst-Mitarbeiter schulen	11	16.01.14	30.01.14	HG1-6.2
M5	**Rollout ist umgesetzt**		30.01.14	30.01.14	HG1-6.3
HG1-7	Abschluss-Phase				
HG1-7.1	Feedback von Außendienst einholen	9	31.01.14	12.02.14	M5
HG1-7.2	Projekt-Review durchführen	5	13.02.14	19.02.14	HG1-7.1
HG1-7.3	Abschlussevent organisieren	5	20.02.14	26.02.14	HG1-7.2
M6	**Projektende**		28.02.14	28.02.14	HG1-7.3

Legende: Vorgang | Vorgang auf dem kritischen Pfad | Meilenstein

Abbildung 12 - Gantt-Chart Projekt „Mobile Bestellfunktion"

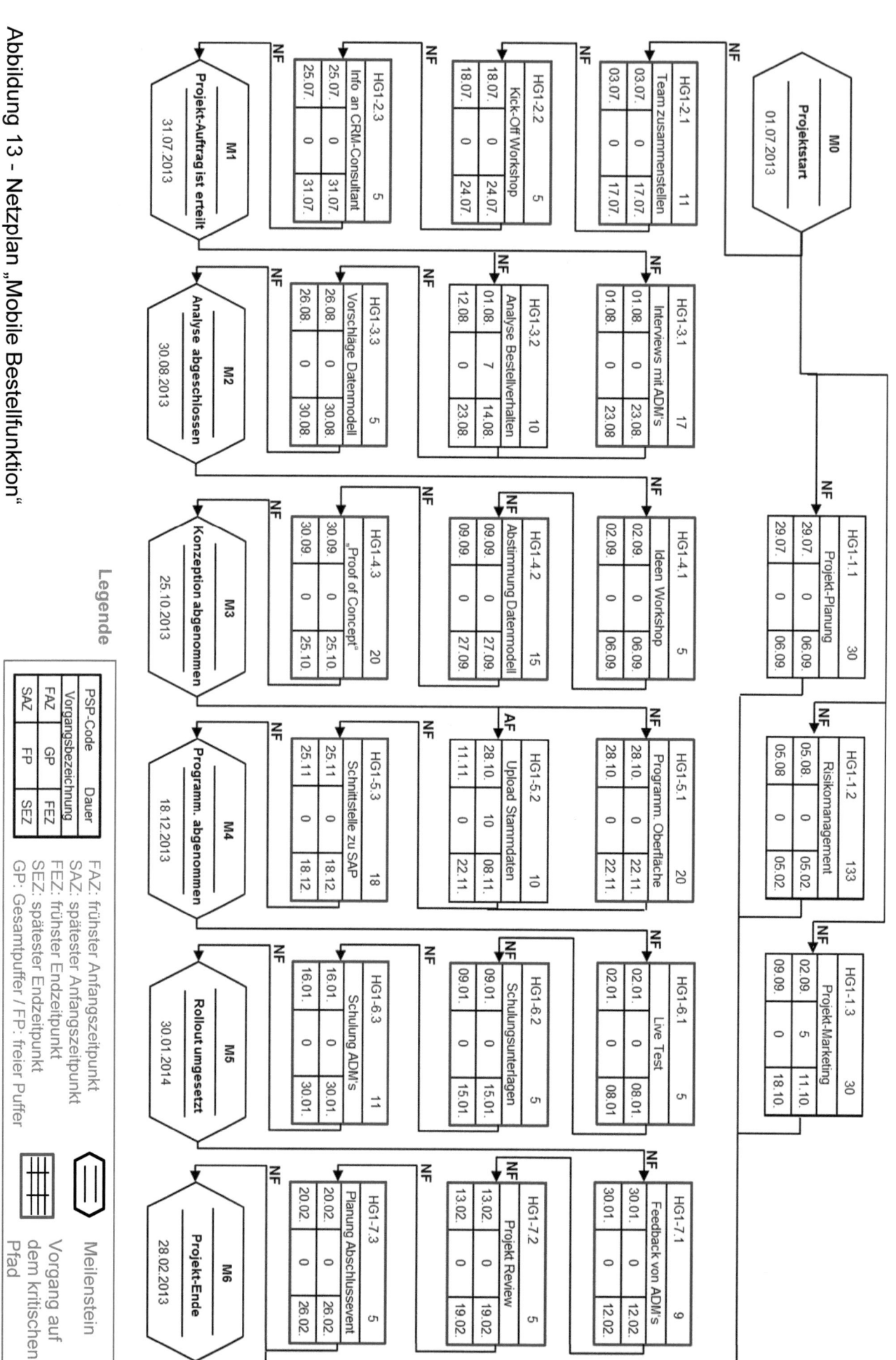

Abbildung 13 - Netzplan „Mobile Bestellfunktion"

8 Einsatzmittel und Kostenplanung

Nachfolgend werden alle notwendigen Einsatzmittel und Kosten dargestellt, um die in Kapitel 6 beschriebenen Arbeitspakete zu erledigen und die in Kapitel 7 festgelegten Abläufe und Termine einzuhalten.

8.1 Einsatzmittelbedarf / Einsatzmittelplan

Im Rahmen der Einsatzmittelplanung erfolgt die Zuordnung von notwendigen Ressourcen in der richtigen Menge zum richtigen Zeitraum. Einsatzmittel können dabei sowohl Personen als auch Sachmittel sind.

Der Einsatz von Sachmitteln ist für das Projekt „mobile Bestellfunktion nicht notwendig. Als Einsatzmittel werden im Wesentlichen interne Ressourcen bzw. Personen benötigt. Zusätzlich wurde vereinbart, dass temporär auf eine externe Ressource in Form eines CRM-Consultants zugegriffen wird.

Folgende Rahmenbedingungen / Annahmen liegen bei der Ermittlung des internen Ressourcenbedarfs bzw. der später dargestellten Kostenplanung zugrunde:

- Der Aufwand zur Bearbeitung der einzelnen Arbeitspakete wurde geschätzt. Die Schätzungen beruhen auf Kompetenzen der Projektbeteiligten und Erfahrungswerten.

- Als Einheit zur Schätzung der Aufwände wurden Personentage (PT) bzw. Arbeitsstunden gewählt (h). Ein Personentag entspricht dabei 8 Arbeitsstunden.

- Für den Einsatz des externen Beraters wurden insgesamt 4 Personentage zu einem Tagessatz von 1.000 Euro veranschlagt.

- Die Verfügbarkeit der einzelnen Projektmitarbeiter für das Projekt wurde zu Projektbeginn mit den Projektmitarbeitern bzw. deren Vorgesetzten abgestimmt und vereinbart.

- Zu Projektbeginn wurden bereits 3 wesentliche Workshop-Termine festgelegt (Kick-Off Workshop, Ideen-Workshop, Projekt-Review). Alle Projektmitarbeiter haben sich die hierfür erforderliche Zeit geblockt. Dies war insbesondere für die Terminplanung der Außendienst-Mitarbeiter wichtig.

In der folgenden Tabelle werden alle notwendigen Einsatzmittel und deren Qualifikation bzw. Verfügbarkeit dargestellt.

Benötigte Einsatzmittel	Aufgaben-beschreibung	Qualifikation	Verfügbarkeit
Personal - interne Ressourcen			
Projektleiter Max Mustermann Projektleiter Vertriebs- u. Pricingprozesse	Leitung und Steuerung des Projekts	Erfahrung in der Durchführung und Steuerung von internen Projekten, fundierte Kenntnisse von Vertriebsprozessen	20% der Arbeitszeit = 4 PT / Monat
Projektmitarbeiter Herr ABC Mitarbeiter Sales Support	Prozessdefinition mobiles Bestellwesen	Fundierte Kenntnisse von Vertriebsprozessen	10% der Arbeitszeit = 2 PT / Monat
Projektmitarbeiter Herr DEF Teamleiter Service Innendienst	Prozessdefinition mobiles Bestellwesen	Experte im Bereich Auftragserfassung / Bestellwesen	10% der Arbeitszeit = 2 PT / Monat
Projektmitarbeiter Herr GHI SAP Inhouse Consultant	Programmierung der SAP-Schnittstellen	Umfangreiche Expertise im Bereich „SAP-Modul SD"	10% der Arbeitszeit = 2 PT / Monat
Projektmitarbeiter Herr M. Möglich Mitarbeiter CRM Software	Programmierung / Customizing Bestellfunktion	IT-Kenntnisse CRM-Software	20% der Arbeitszeit = 4 PT / Monat
Projektmitarbeiter Herr JKL Außendienst	Teilnahme Ideenworkshop, Multiplikator bei Rollout	„PowerUser" von iPad-Anwendungen im Vertrieb, Kenntnisse über Kundenbedürfnisse und Marktanforderungen	Ø 1PT / Monat Insbesondere für Projektworkshops
Projektmitarbeiter Herr MNO Außendienst	Teilnahme Ideenworkshop, Multiplikator bei Rollout	„PowerUser" von iPad-Anwendungen im Vertrieb, Kenntnisse über Kundenbedürfnisse und Marktanforderungen	Ø 1PT / Monat Insbesondere für Projektworkshops
Projektmitarbeiter Herr PQR Außendienst	Teilnahme Ideenworkshop, Multiplikator bei Rollout	„PowerUser" von iPad-Anwendungen im Vertrieb, Kenntnisse über Kundenbedürfnisse und Marktanforderungen	Ø 1PT / Monat Insbesondere für Projektworkshops
Personal - externe Ressourcen			
Externer CRM Consultant Lieschen Müller	Beratung bei der Programmierung der Bestellfunktion	Experte im Bereich Customizing für die bei der Hubert Genau GmbH verwendete CRM-Software	4 PT (vertraglich festgelegt)
Sachmittel			
keine			

Tabelle 16 - Art der benötigten Einsatzmittel

PSP Code	Vorgang	Dauer [Tage]	Aufwand [PT]	Einsatzmittel
HG1-1.1	Projekt-Planung durchführen	30	10	MMu
HG1-1.2	Risikomanagement durchführen	133	5	MMu
HG1-1.3	Projektmarketing umsetzen	30	1	MMu
HG1-2.1	Projekt-Team zusammenstellen	11	1	MMu
HG1-2.2	Kick-Off Workshop vorbereiten	5	1	MMu, ABC, DEF
HG1-2.3	Projektinfo an externen CRM-Consultant	5	1	MM
HG1-3.1	Interviews mit Außendienst führen	17	2	DEF, ABC
HG1-3.2	Analyse des Bestellverhaltens	10	2	ABC
HG1-3.3	Vorschläge für Datenmodell erarbeiten	5	1	MM, DEF
HG1-4.1	Ideen-Workshop vorbereiten	5	1	MMu, DEF
HG1-4.2	Abstimmung Datenmodell mit CRM-Consultant	15	3	MM, LM
HG1-4.3	„Proof of Concept" erstellen	20	6	MM, GHI, ABC
HG1-5.1	Benutzeroberfläche programmieren	20	10	MM, LM
HG1-5.2	Upload der Produktstammdaten	10	1	MM
HG1-5.3	Schnittstelle zu SAP programmieren	18	6	GHI
HG1-6.1	Live-Test durchführen	5	1	MM
HG1-6.2	Schulungsunterlagen erstellen	5	1	ABC
HG1-6.3	Außendienst-Mitarbeiter schulen	11	4	MM, ABC
HG1-7.1	Feedback von Außendienst einholen	9	1	JKL, MNO, PQR
HG1-7.2	Projekt-Review durchführen	5	1	MMu, ABC
HG1-7.3	Abschlussevent organisieren	5	1	MMu

Tabelle 17 - Einsatzmittelbedarfsplan (Grob-Übersicht)

In Tabelle 17 ist ersichtlich welches Arbeitspaket welchen Aufwand verursacht und welches Einsatzmittel bzw. welche Personen hierfür notwendig sind.
In Tabelle 18 erfolgt eine detailliertere Darstellung des Einsatzmittelbedarfs am Beispiel der internen Ressource „Mitarbeiter CRM-Software". Diese Tabelle ist wiederum Basis für die anschließende graphische Darstellung der Einsatz-mittelganglinie.

| | | | Monatsverteilung Aufwand Mitarbeiter CRM-Software | | | | | | | |
PSP Code	Vorgang	Aufwand gesamt in [h]	Jul	Aug	Sept	Okt	Nov	Dez	Jan	Feb
HG1-1.1	Projekt-Planung durchführen									
HG1-1.2	Risikomanagement durchführen									
HG1-1.3	Projektmarketing umsetzen									
HG1-2.1	Projekt-Team zusammenstellen	2	2							
HG1-2.2	Kick-Off Workshop vorbereiten	2	2							
HG1-2.3	Projektinfo an externen CRM-Consultant	8	8							
HG1-3.1	Interviews mit Außendienst führen									
HG1-3.2	Analyse des Bestellverhaltens									
HG1-3.3	Vorschläge für Datenmodell erarbeiten	8		8						
HG1-4.1	Ideen-Workshop vorbereiten									
HG1-4.2	Abstimmung Datenmodell mit CRM-Consultant	24			24					
HG1-4.3	„Proof of Concept" erstellen	40				40				
HG1-5.1	Benutzeroberfläche programmieren	72					72			
HG1-5.2	Upload der Produktstammdaten	8					8			
HG1-5.3	Schnittstelle zu SAP programmieren									
HG1-6.1	Live-Test durchführen	8							8	
HG1-6.2	Schulungsunterlagen erstellen									
HG1-6.3	Außendienst-Mitarbeiter schulen	16							16	
HG1-7.1	Feedback von Außendienst einholen									
HG1-7.2	Projekt-Review durchführen	2								2
HG1-7.3	Abschlussevent organisieren									
Summe Aufwandsschätzung in [h]		190	12	8	24	40	80	0	24	2
Summe der zur Verfügung stehenden Ressourcen in [h]		256	32	32	32	32	32	32	32	32

Tabelle 18 - Einsatzmittelbedarfsplan für den Mitarbeiter CRM-Software

Interpretation des Einsatzmittelbedarfsplans für den „Mitarbeiter CRM-Software":

Mit dem Projektmitarbeiter und dessen Vorgesetzten wurde zu Projektbeginn pauschal vereinbart, dass der Mitarbeiter für das Projekt „mobile Bestellfunktion" 4 Tage (=32 Stunden) pro Monat zur Verfügung steht. Dass dieser Mitarbeiter aufgrund seiner CRM-Expertise eine Schlüsselrolle in diesem Projekt einnehmen wird, war dem Projektleiter bewusst, deshalb wurde für diesen Mitarbeiter im Vergleich zu den anderen Projektmitgliedern eine höhere Ressourcenverfügbarkeit festgelegt. Der Einsatzmittelbedarfsplan zeigt aber deutlich, dass der Mitarbeiter im Oktober und November überlastet ist. In allen weiteren Monaten liegt die Aufwandsschätzung hingegen unter den zur Verfügung stehenden Ressourcen. Die graphische Darstellung (Einsatzmittelganglinie) auf der nächsten Seite verdeutlicht dies noch einmal.

Aufgrund der sequentiellen Abfolge der Arbeitspakete, kann der im Oktober und November anfallende Aufwand nicht in vor- bzw. nachgelagerte Monate verschoben werden. Die wesentlichen Arbeitspakete im Oktober und November liegen auf dem „kritischen Pfad".

Mit dem Vorgesetzten des Mitarbeiters für CRM-Software wurde deshalb erneut das Gespräch gesucht und über die „kritischen Monate" diskutiert. Durch eine entsprechende Vertreterregelung konnte erreicht werden, dass die zur Verfügung stehende Kapazität des Mitarbeiters für Oktober und November verdoppelt wird. Weitere restliche notwendige Kapazitäten werden im Rahmen von Überstunden abgedeckt. Die Einwilligung des Vorgesetzten konnte mitunter auch dadurch erreicht werden, dass mit Hilfe des Einsatzmittelbedarfs aufgezeigt werden konnten, dass die ursprünglich eingeforderte bzw. vereinbarte Verfügbarkeit in der Gesamtheit nicht vollständig ausgenutzt werden muss, sondern vielmehr die „Spitzenzeiten" abgedeckt werden müssen.

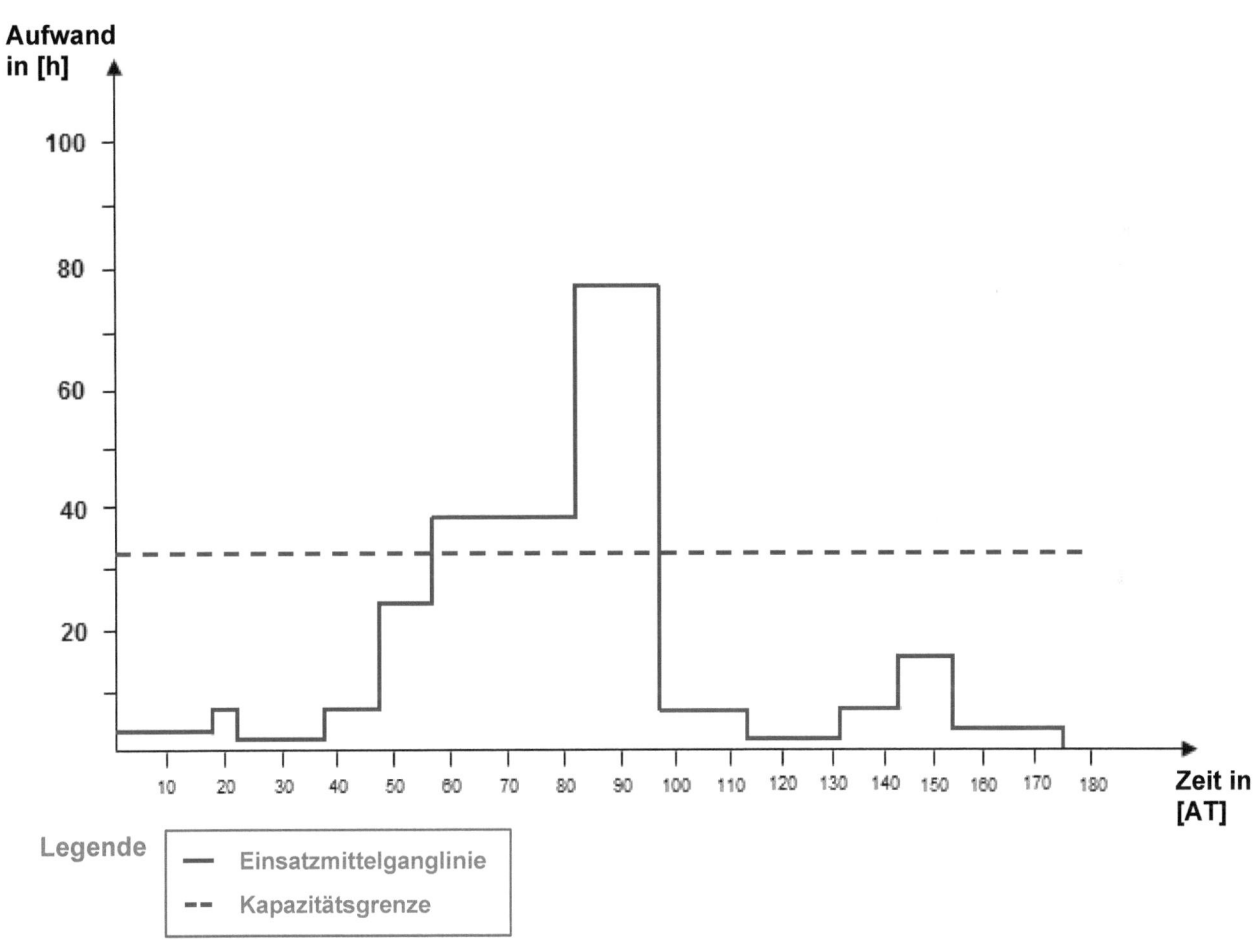

Abbildung 14 - Einsatzmittelganglinie für den Mitarbeiter CRM-Software

8.2 Projektkosten

In Tabelle 19 sind die Gesamtkosten für das Projekt „mobile Bestellfunktion" ersichtlich. Die Kosten pro Arbeitsstunde belaufen sich auf 70 EUR. Hierbei handelt es sich um einen Durchschnittswert, der einer internen Prozesskostenrechnung entnommen wurde. Pro Personentag ergibt sich somit ein Kostensatz von 560 EUR.

PSP Code	Vorgang	Aufwand in [PT]	Kosten in [€]
HG1-1.1	Projekt-Planung durchführen	10	5.600
HG1-1.2	Risikomanagement durchführen	5	2.800
HG1-1.3	Projektmarketing umsetzen	1	560
HG1-2.1	Projekt-Team zusammenstellen	1	560
HG1-2.2	Kick-Off Workshop vorbereiten	1	560
HG1-2.3	Projektinfo an externen CRM-Consultant	1	560
HG1-3.1	Interviews mit Außendienst führen	2	1.120
HG1-3.2	Analyse des Bestellverhaltens	2	1.120
HG1-3.3	Vorschläge für Datenmodell erarbeiten	1	560
HG1-4.1	Ideen-Workshop vorbereiten	1	560
HG1-4.2	Abst. Datenmodell mit CRM-Consultant	3	1.680
HG1-4.3	„Proof of Concept" erstellen	6	3.360
HG1-5.1	Benutzeroberfläche programmieren	10	5.600
HG1-5.2	Upload der Produktstammdaten	1	560
HG1-5.3	Schnittstelle zu SAP programmieren	6	3.360
HG1-6.1	Live-Test durchführen	1	560
HG1-6.2	Schulungsunterlagen erstellen	1	560
HG1-6.3	Außendienst-Mitarbeiter schulen	4	2.240
HG1-7.1	Feedback von Außendienst einholen	1	560
HG1-7.2	Projekt-Review durchführen	1	560
HG1-7.3	Abschlussevent organisieren	1	560
	Summe interne Personalkosten		**33.600**
	Kosten externe Ressourcen		**4.000**
	Kosten Sachmittel		**0**
	Kosten Risikomaßnahmen		**2.600**
	Gesamtkosten		**40.200**

Tabelle 19 - Projektkosten

Hinweise zum Kostenanfall / Kostenverteilung:

- Interne Personalkosten: gleichverteilt
- Kosten externe Ressourcen: endverteilt
- Kosten Risikomaßnahmen: endverteilt

Kosten

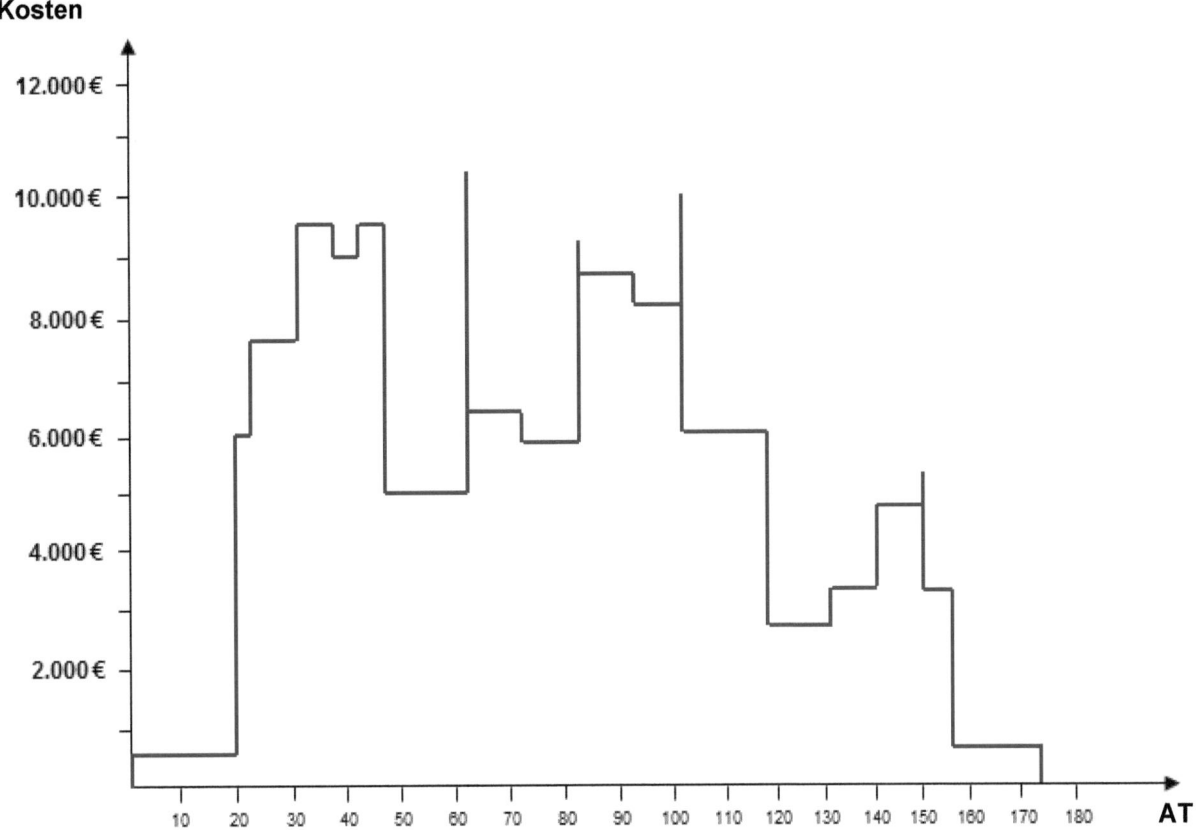

Abbildung 15 - Kostenganglinie

Kosten

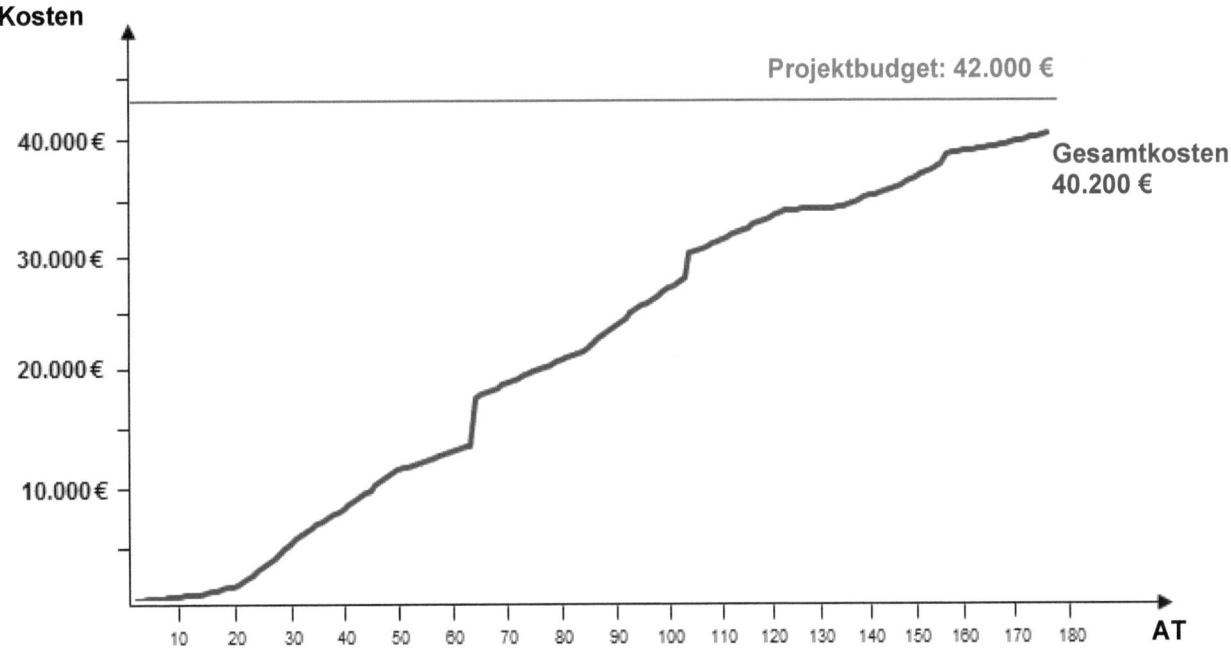

Abbildung 16 - Kostensummenlinie

9 Verhaltenskompetenz

Aus dem Bereich der Verhaltenskompetenz wurden die Themen „Kreativität" und „Konflikte und Krisen" ausgewählt und bearbeitet.

9.1 Kreativität

Bei der Erläuterung des Begriffs „Kreativität" ist zwischen künstlerischer und operationaler Kreativität zu unterscheiden. Unter der für das Projektmanagement relevanten operationalen Kreativität versteht man die Kombination von Phantasie („Vorstellungskraft") und Logik („folgerichtiges Denken").
Um den Projekterfolg sicherzustellen, sollte der Projektleiter sowohl die Kreativität der einzelnen Personen als auch die Kreativität des Projektteams nutzen.
Zur methodischen Unterstützung können dabei verschiedene Kreativitätstechniken angewendet werden. Nachfolgend wird eine Auswahl an entsprechenden Techniken genannt und nach intuitiven bzw. diskursiven Methoden unterschieden:

- **Intuitive Methoden:**
  - Mindmapping
  - Brainstorming
  - Brainwriting

- **Diskursive Methoden:**
  - Morphologischer Kasten
  - Ishikawa-Diagramm

Unabhängig von der ausgewählten Kreativitätstechnik lässt sich der kreative Prozess in 4 verschiedene Phasen unterteilen:

1. Vorbereitung (Präparations-Phase):
  Die Aufgabe bzw. die Problemstellung wird klar definiert. Zusätzlich ist eine Einstimmung in den kreativen Prozess wichtig.

2. Loslösen vom Problem (Inkubations-Phase):
  Diese Phase wird auch als „schöpferischer Gärungsprozess" bezeichnet. Dieser kann z.B. durch gezielte Unterbrechung der Kreativsitzung durch den Moderator initiiert werden.

3. Spontane Lösungsideen (Illuminations-Phase):
  Ideen werden zu einer kreativen Problemlösung kombiniert.

4. Ausarbeitung (Verifikations-Phase):
  Die gefundenen Ideen werden bewertet und weiter bearbeitet.

Um die Kreativitätstechniken wirksam anzuwenden, gilt es verschiedene Grundregeln zu beachten:

- Keine Kritik in der Ideenfindungsphase
- Ideenmenge steht vor Ideenqualität
- Ungezügelte Phantasie ist erwünscht
- Alle Ideen werden notiert (visualisiert)
- Kombinieren vorgebrachter Ideen und gegenseitige Anregung sind erwünscht

Fallbeispiel / Transfer:

Vorgehensweise / angewandte Kreativitätstechnik im Projekt „mobile Bestellfunktion:

Bei dem Projekt „mobile Bestellfunktion" handelt es sich um kein Forschungs- und Entwicklungsprojekt für neue, innovative Produkte. Dennoch war ebenfalls ein hohes Maß an Kreativität erforderlich, um die bestmögliche Lösung für die Bestellabwicklung zu erarbeiten. Im Rahmen eines Ideen-Workshops wurde deshalb gemeinsam mit dem kompletten Projektteam die **„Brainstorming-Methode"** angewendet. Der Projektleiter hatte die Rolle des Moderators übernommen.

Brainstorming ist die am meisten eingesetzte Kreativitätstechnik. Ziel dieser Methode ist es, in kurzer Zeit möglichst viele Ideen zu generieren. Nach einer einführenden Erläuterung der Problemstellung werden Ideen gesammelt. Alle geäußerten Ideen werden dabei für alle sichtbar vom Moderator dokumentiert (über Flipchart oder PC). Nach der Ideensammlung werden diese bewertet und ggf. weiter bearbeitet.

Förderlich für die Ideenfindung während des Workshops war insbesondere die inhomogene Projektgruppe. Bereichernd waren neben den eher prozessorientierten Mitarbeitern, die ähnliche Ansichten vertreten, vor allem die Außendienstmitarbeiter die eine völlig andere Sichtweise der Thematik einnahmen. Dies war für das Gesamtergebnis sehr positiv.

Verbesserungspotenzial:

Der Ideenworkshop brachte insgesamt zwar eine Vielzahl an Ideen, jedoch waren bei der Ideenfindung nicht alle Mitarbeiter gleichermaßen beteiligt. Hier wäre ein Wechsel der Kreativitätstechnik durch den Projektleiter sinnvoll gewesen, um auch eher zurückhaltende Mitarbeiter in den Ideenfindungsprozess besser zu involvieren Dies ist durch eine Kreativitätstechnik möglich, in der jeder Mitarbeiter seine eigenen Ideen zunächst selbst schriftlich festhält (z.B. Brainwriting).

Teilweise wurden bereits in der Ideenfindungsphase einzelne Ideen kommentiert. Hier wäre es sicherlich hilfreich gewesen, die „Grundregeln für Kreativitätstechniken" im Vorfeld gemeinsam zu besprechen und diese für alle sichtbar im Besprechungsraum anzubringen.

Grundsätzlich hatte der Projektleiter die Kreativitätstechniken insbesondere als Instrument für Workshops in der Initialisierungs- bzw. Definitionsphase wahrgenommen. Der Projektleiter sollte sich aber vielmehr als Kreativitäts-Impulsgeber über das gesamte Projekt sehen und in Projektmeetings (egal in welcher Projektphase) durch geschickte Fragestellungen die Kreativität fördern.

9.2 Verhandlungsführung (nicht bearbeitet)

9.3 Konflikte und Krisen

Projekte stehen unter Zeitdruck, die Ressourcen sind begrenzt, Projektteams sind interdisziplinär zusammengesetzt, teilweise lernen sich die Projektmitglieder erst bei der Kick-Off-Veranstaltung kennen. Das sind alles Gegebenheiten, die mit Projekten in der Regel einhergehen. Deshalb sind Konflikte in den meisten Projekten auch vorprogrammiert.

Unter einem **Konflikt** versteht man eine Situation in der unterschiedliche Erwartungen aufeinandertreffen. Eine Sonderform des Konflikts ist eine **Krise**. Diese ist gekennzeichnet durch „Ausweglosigkeit" und „Existenzbedrohung" und stellt somit eine extreme Projektsituation mit gravierenden Abweichungen dar.

Konflikte sind unausweichlich. Aber: je früher sie erkannt werden, desto einfacher lassen sie sich lösen. Aufgabe des Projektleiters ist es unter anderem auch, Konflikte möglichst rechtzeitig zu erkennen. Wenn Konflikte längere Zeit andauern, wird ihre Lösung immer schwieriger und aufwändiger. Den typischen Verlauf eines Konfliktes verdeutlicht das **„Konflikt-Eskalationsmodell"** nach Friedrich Glasl (siehe Abbildung 17). Es besagt, dass ein Konflikt stets mit einer „Verhärtung" beginnt und 9 ideal-typische Stufen bis zum „gemeinsamen Untergang" durchläuft. In der letzten Stufe des „gemeinsamen Untergangs" nehmen die beiden Konfliktparteien jeglichen, auch eigenen Schaden in Kauf, um der Gegenseite zu schaden. Man spricht in solchen Situationen auch von einer „Lose-Lose-Situation".

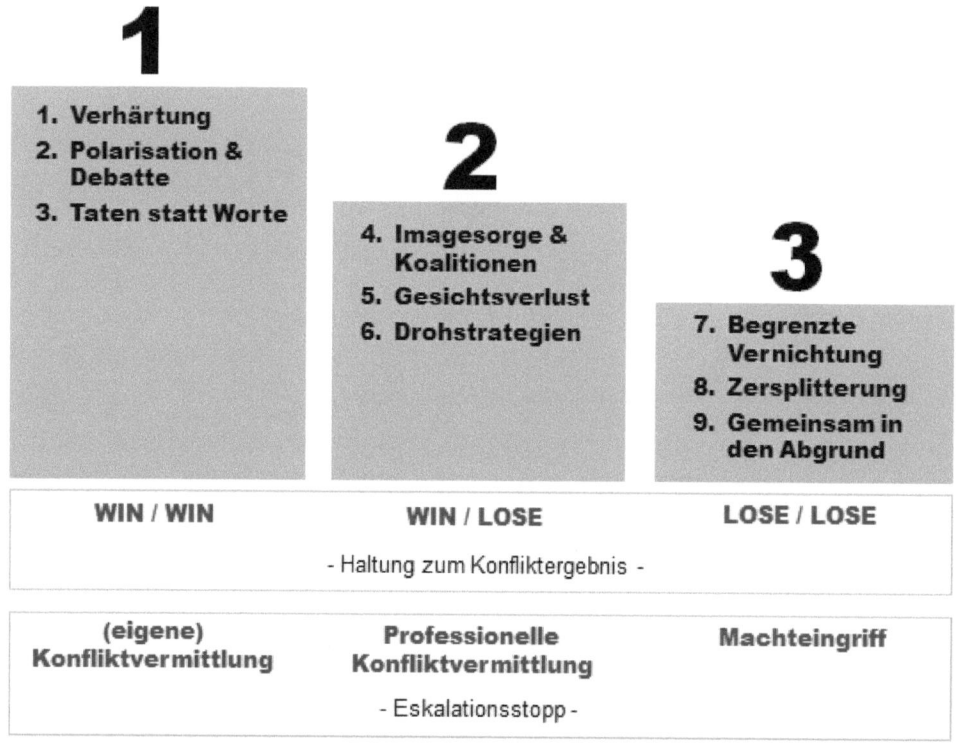

Abbildung 17 - Konflikt-Eskalationsmodell nach Friedrich Glasl

Damit Konflikte möglichst früh erkannt werden, sollten Konfliktsymptome beachtet werden (z.B. gestörte Kommunikation, „Dienst nach Vorschrift", hohe Fehlzeiten, Cliquenbildung, etc.).

In Abhängigkeit davon inwieweit die Interessen und Bedürfnisse der Konflikt-beteiligten berücksichtigt werden, können in Konfliktsituationen fünf typische **Handlungsstrategien** angewendet werden. Diese werden in der nachfolgenden Abbildung aufgezeigt.

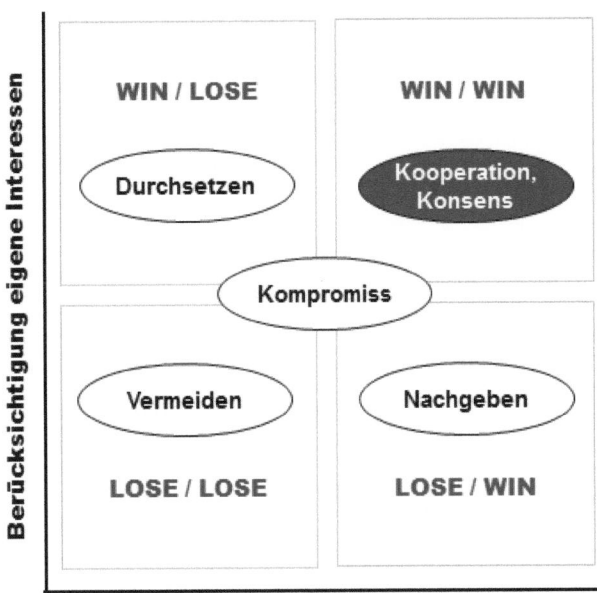

Abbildung 18 - Handlungsstrategien in Konfliktsituationen

Die **„kooperative Konfliktlösung"** sorgt dabei für eine langfristige und nachhaltige Lösung des Konflikts, da hierbei nicht nur die offensichtliche Forderung / Position der Konfliktparteien berücksichtigt wird (→ siehe Sachebene Eisbergmodell), sondern vielmehr deren Interessen und Bedürfnisse (→ siehe Beziehungsebene Eisberg-modell). Erst wenn die Interessen / Bedürfnisse aller ausreichend bekannt sind, kann ein gemeinsamer Konsens und somit eine nachhaltige Lösung gefunden werden.

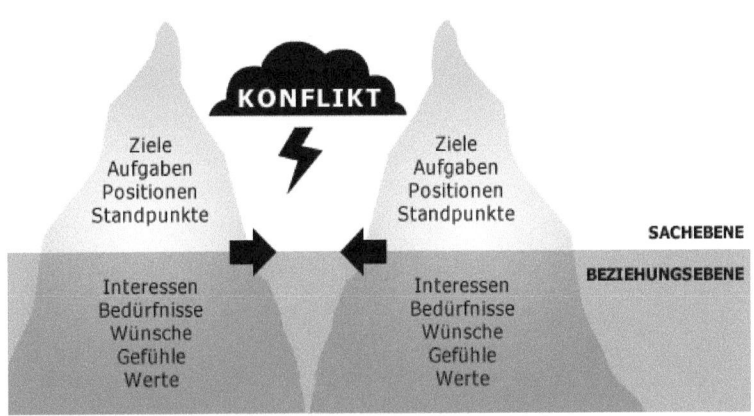

Abbildung 19 - Eisbergmodell

Fallbeispiel / Transfer:

Szenario:

Der für die CRM-Software zuständige Mitarbeiter äußert sich in den letzten Projekt-team-Meetings eher kritisch gegenüber dem Projekt. Dies ist umso verwunderlicher, da er zu Projektbeginn ein absoluter Befürworter dieses Projekts war und die Chance gesehen hat, die Akzeptanz der CRM-Software über die „mobile Bestellfunktion" noch weiter zu erhöhen. Seine Kritik äußert er insbesondere gegenüber der externen Beraterin für CRM-Software, die Zusammenarbeit mit dieser falle ihm schwer. Umgekehrt lies auch die externe Beraterin eher negative Bemerkungen über den Mitarbeiter CRM-Software fallen.

Handlungsoptionen:

Der Projektleiter hatte erkannt, dass der Projektmitarbeiter unzufrieden ist und offensichtlich ein interpersonaler Konflikt zwischen dem Mitarbeiter CRM-Software und der externen Beraterin vorliegt. Entsprechend der fünf Handlungsstrategien in Konfliktsituationen bestehen unterschiedliche Herangehensweisen, um mit diesem Konflikt umzugehen. Da es sich bei beiden Personen um Projektmitarbeiter mit hohem Einfluss auf den Projekterfolg handelt, war der Projektleiter bestrebt eine kooperative Konfliktlösung herbeizuführen. In Einzelgesprächen wurde versucht, von beiden Parteien die Interessen und Bedürfnisse herauszufinden.
Es stellte sich heraus, dass der Mitarbeiter CRM-Software die Beauftragung der externen Beraterin nicht als Unterstützung, sondern als fehlendes Vertrauen in seine Kompetenzen aufgefasst hat. Die externe Beraterin war wiederum bestrebt möglichst viele Aufgaben an sich zu reißen, um durch eine sehr gute Performance Folgeaufträge der Hubert Genau GmbH zu erlangen. In einem gemeinsamen Gespräch wurden nun die genauen Rollen definiert und die Aufgaben voneinander abgegrenzt, so dass beide Parteien die Möglichkeit haben, Ihre Vorstellungen umzusetzen. Das Gespräch war nicht geprägt von vergangenheits- und fehlerorientierten Herangehensweise, vielmehr stand die Frage im Mittelpunkt „wie können wir zukunfts- und lösungsorientiert weiter machen, um den Projekterfolg sicher-zustellen?". Darüber hinaus wurde dem Mitarbeiter CRM-Software noch einmal deutlich gemacht, dass seine Kompetenzen in keiner Weise in Frage gestellt werden.

Verbesserungspotenzial:

Die Lösung des Konflikts im Sinne einer kooperativen Konfliktlösung war die korrekte Herangehensweise. Allerdings hätte der Konflikt im Vorfeld möglicherweise komplett durch eine klare und eindeutige Rollenbeschreibung und eine eindeutige Kommunikation („Warum benötigen wir Unterstützung durch eine externe Beraterin und welche positiven Auswirkungen hat dies auf unser Projekt?") vermieden werden können.

9.4 Ergebnisorientierung (nicht bearbeitet)

10 Wahlelemente

Aus dem Bereich der Wahlelemente wurde das Thema „Projektstart, Projektende" ausgewählt.

10.1 Beschaffung und Verträge (nicht bearbeitet)

10.2 Qualitätsmanagement (nicht bearbeitet)

10.3 Konfiguration und Änderungen (nicht bearbeitet)

10.4 Projektstart, Projektende

Projektstart:

„Wer hohe Türme bauen will muss lange beim Fundament verweilen"

Dieses Zitat von Anton Bruckner verdeutlicht sehr gut, dass gerade die Startphase von Projekten von elementarer Bedeutung für den späteren Projekterfolg ist. Was bereits in der frühen Phase eines Projekts versäumt wurde, lässt sich später nur schwer bzw. mit hohem Aufwand kompensieren.

Oftmals ist in der Praxis zu beobachten, dass ein vermeintlich klarer und eindeutiger Projektauftrag schnell umgesetzt werden muss, um „zügig Resultate zu erzielen". Gerade der strategische Startprozess sollte aber nicht von Zeitdruck und Hektik geprägt sein. Die Projektstartphase gibt es Unsicherheiten und ggf. sogar Orientierungslosigkeit. Dies ist aber nicht unbedingt als Schwäche zu werten, sondern vielmehr als Chance, das Projekt zu formen und richtig aufzusetzen. Die Anwendung des „japanischen Ansatzes" kann hierbei sinnvoll sein, also viel Zeit in die frühen Phasen des Projekts zu investieren, um dann die Arbeitspakete im Projektverlauf straff umzusetzen.

Start-Brainstorming:

In der frühen Phase eines Projekts eignet sich ein sog. Start-Brainstorming. Im Vergleich zu einem Standard-Brainstorming läuft dieses thematisch strukturiert ab. Das heißt, dass bestimmte Begriffe bzw. Themen vorgegeben sind, die ermöglichen, dass alle typischen Facetten eines Projekts durchleuchtet werden. In Abbildung 20 werden die hierfür notwendigen bzw. sinnvollen Begriffe dargestellt. Wesentliches Element eines Start-Brainstormings ist das Thema „Ausbrechen". Hierbei gilt es, das Projekt grundsätzlich zu hinterfragen und zunächst nicht strikt den Vorgaben des Auftraggebers zu folgen. Dies bringt in der Regel völlig neue Erkenntnisse mit sich und hilft, alle Potenziale, die das Projekt bietet, zu aktivieren.

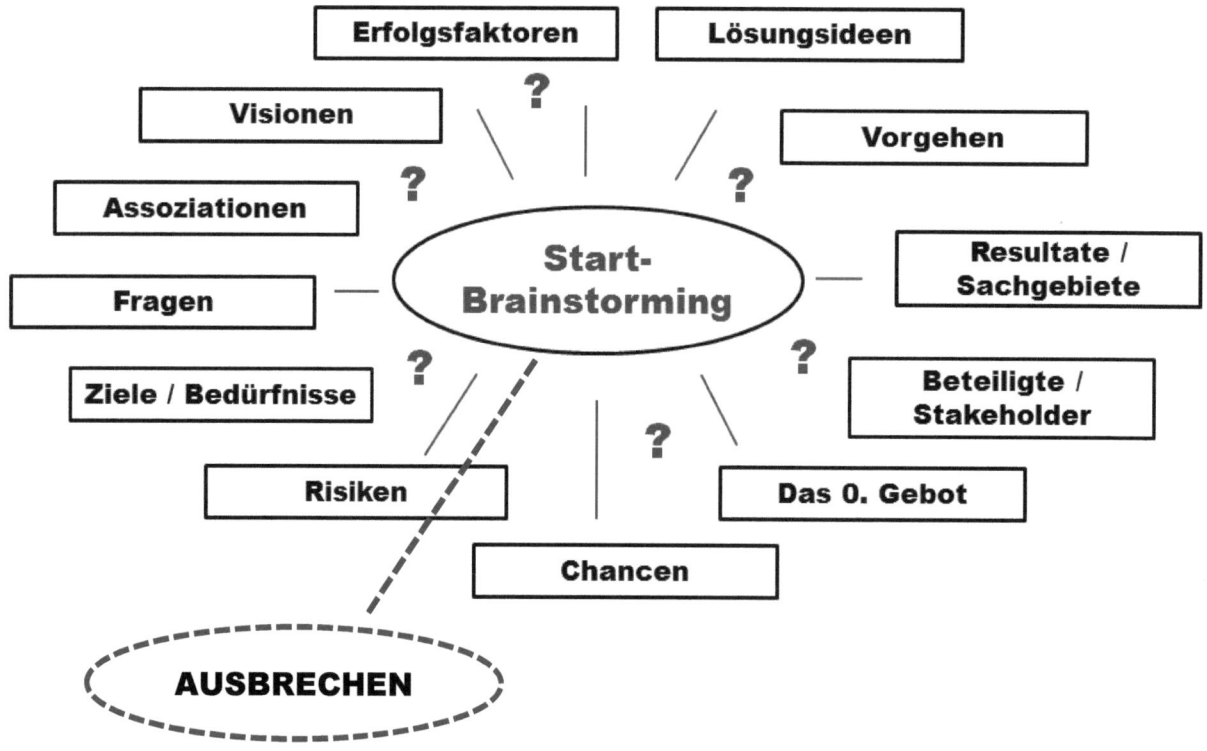

Abbildung 20 - Start-Brainstorming

Das 0. Gebot in Projekten:

Das sog. „0. Gebot in Projekten" besagt, dass in der Startphase recherchiert werden sollte, ob eine ähnliche Aufgabenstellung schon einmal bearbeitet wurde und wer sich mit diesem Thema befasst hat. Ebenfalls gilt es herauszufinden, ob es bereits schon Ideen gibt, die bei der Umsetzung des Projekts helfen. Besonders wertvoll sind hierbei auch negative Erfahrungen, die mit ähnlichen Projekten bereits gemacht wurden. Diese sollten bekannt sein, um Fehler ähnlicher Natur zu vermeiden.

Projektende:

Die Projektabschlussphase beinhaltet alle notwendigen Aktivitäten, um das Projekt zu beenden. In dieser Phase wird das Projekt noch einmal aufbereitet. Folgende Schritte sind zu unternehmen um den Projektabschluss durchzuführen:

- Übergabe des Projektgegenstands und Abnahme durch den Auftraggeber
- Durchführung einer umfassenden Projektabschlussanalyse
- Absicherung der im Projekt gesammelten Erfahrungen und Kenntnisse
- Auflösung der Projektorganisation und der Projektressourcen

Transfer / Erkenntnisse und Verbesserungsmöglichkeiten für das bearbeitete Projekt:

Projektstart:

Für das Projekt „mobile Bestellfunktion" wurde ein Start-Workshop durchgeführt und dort die wesentlichen Rahmenbedingungen geklärt bzw. im Rahmen des Projektteams erarbeitet. Als Unterstützung wurde dabei der unternehmensinterne Projektsteckbrief der Hubert Genau GmbH zu Hand genommen. Hierdurch konnte sichergestellt werden, dass die wesentlichen Rahmenbedingungen für das Projekt diskutiert werden. Somit war der Blick auf „das große Ganze" gewährleistet. Die Ergebnisse wurden vom Projektleiter auf einem Flipchart für alle sichtbar festgehalten. Diese Vorgehensweise ist der Vorgehensweise eines Start-Benchmarkings sehr ähnlich. Nichtsdestoweniger wurde das wesentliche Element „Ausbrechen" nicht durchgeführt. Gerade aber eine zunächst sehr kritische Auseinandersetzung mit der ursprünglichen Projektidee und ein grundsätzliches Hinterfragen ist eine hilfreiche Möglichkeit, um neue Erkenntnisse zu gewinnen und den „Blick über den Tellerrand" unabhängig vom vorgegebenen Projektauftrag des Auftraggebers zu wagen.

Ebenfalls wurde das „0. Gebot" für das Projekt „mobile Bestellfunktion" nicht berücksichtigt. Zwar haben Projektmitarbeiter immer wieder ihre positiven wie negativen Erfahrungen im Projektverlauf eingebracht, aber in wenig strukturierter Form und ohne entsprechende Dokumentation. Dies ist sicherlich ein Verbesserungspotenzial für den Projektleiter (=Autor) für zukünftige Projekte.

Projektende:

Für das Projekt „mobile Bestellfunktion" erfolgte die Übergabe des Projektgegenstands (=Bestellfunktion für iPads) an die Nutzer (=Hubert Genau GmbH Außendienst). Eine Abnahme durch den Auftraggeber (=Geschäftsführer Hubert Genau GmbH Deutschland) ist ebenfalls erfolgt. Im Rahmen der Projektabschlussanalyse wurde ermittelt, ob die Projektziele, insbesondere auch die gewünschten Einsparungen durch Prozessoptimierungen erreicht wurden. An die formale Projektabschlusssitzung erfolgte anschließend in lockerer Runde ein gemeinsames Grillen. Alle Projektmitglieder waren hierzu eingeladen.

Deutliches Verbesserungspotenzial besteht aber noch in der Absicherung der im Projekt gesammelten Erfahrungen. Zwar hatte jedes Projektmitglied im Laufe des Projekts entsprechende „lessons learned", eine entsprechende Dokumentation für nachfolgende Projekte / Projektleiter ist allerdings nicht erfolgt. Hier könnte für das Unternehmen Hubert Genau GmbH die Implementierung eines „Projekt Management Offices (PMO)" hilfreich sein. Dieses wäre unter anderem für die Durchsetzung von unternehmensweiten Standards zum Projektmanagement verantwortlich. Hierzu könnte auch eine einheitliche Dokumentation der wesentlichen Projekt-Erkenntnisse im Rahmen einer Erfahrungsdatenbank gehören.

10.5 Berichtswesen, Projektdokumentation (nicht bearbeitet)

11 Anhang

11.1 Abkürzungsverzeichnis

Abkürzung	Bedeutung
ADM	Außendienst-Mitarbeiter
AG	Auftraggeber
AT	Arbeitstage
AOB	Anordnungsbeziehungen
bzw.	beziehungsweise
CF	Corporate Funktion
CRM	Customer Relationship Management
HG	Hubert Genau GmbH
Ltg.	Leitung
MA	Mitarbeiter
Nr.	Nummer
PL	Projektleiter
PT	Personentage
PSP	Projektstrukturplan
SOX	Sarbans Oxley Act

11.2 Glossar

Begriff	Erläuterung
Contingency Maßnahmen	Im Rahmen der Budgeterstellung werden bei der Hubert Genau GmbH verschiedene Szenarien zur zukünftigen Marktentwicklung erarbeitet. Für Szenarien mit rückläufigem Auftragseingang werden sog. Contingency-Maßnahmen (=Notfall-Maßnahmen) entwickelt. Hierbei handelt es sich um Maßnahmen zur Kosteneinsparung, um den Gewinn abzusichern.
Sarbans Oxley Act	Das Sarbans Oxley Act of 2002 (auch SOX, SarbOx oder SOA) ist ein US-Bundesgesetz, das die Verlässlichkeit der Berichterstattung von Unternehmen verbessern soll.

11.3 Abbildungsverzeichnis

11.4 Tabellenverzeichnis